भारत में अनेक भाषाएं हैं। इस किताब में पन्द्रह भाषाओं में से कुछ चुने हुए वाक्य दिये गये हैं। हिन्दी, अंग्रेज़ी में उनके अर्थ दिये गये हैं। और देवनागरी और रोमन लिपि में प्रत्येक वाक्य की इबारत दी गई है, जिसमें किसी को भी मुश्किल न हो। हिन्दी या अंग्रेज़ी जानने वालों के लिए यह किताब बहुत ही उपयोगी साबित होगी।

India has several languages ! Selected sentences from 15 languages are given in this book. Meanings are given in Hindi and English. Every sentence is spelt in Davenagari and Roman Script, so that every one may be profited. This book would be very useful for one who knows Hindi or English.

डायमंड पाकेट बुक्स में
विविध साहित्य की श्रेष्ठ पुस्तकें

खेल-कूद श्रृंखला

क्रिकेट कैसे खेलें ....

विभिन्न खेलों के नियम ....

जूडो, कराटे, बॉक्सिंग व कुंगफू ....

सौरव दा (जीवनी) ....

श्रीमान सचिन (जीवनी) ....

राहुल द्रविड़ (जीवनी) ....

वीरेन्द्र सहवाग (जीवनी) ....

शतरंज कैसे खेलें ....

क्रिकेट के रोमांचक प्रसंग ....

संगीत सीरिज

सितार मलिका ....

डायमंड गिटार गाईड ....

डायमंड तबला गाईड ....

डायमंड हारमोनियम एंड कैसियो गाइड ....

फिल्मी प्रश्नोत्तरी ....

हिन्दी फिल्मों का सुहाना सफर ....

लम्बे साइज में

फिल्मी गीतमाला

हिट फिल्मी गीत-1 (1934-60) ....

हिट फिल्मी गीत-2 (1961-70) ....

हिट फिल्मी गीत-3 (1971-80) ....

हिट फिल्मी गीत-4 (1981-84) ....

हिट फिल्मी गीत-5 (1985-91) ....

हिट फिल्मी गीत-6 (1992-96) ....

हिट फिल्मी गीत-7 (1997-2000) ....

हिट फिल्मी गीत-8 (2003-2005) ....

हिट फिल्मी गीत-9 (2006-2007)

(हिमेश रेशमिया के संपूर्ण गीत) ....

हिट फिल्मी गीत-10 (2007-2008) ....

राष्ट्रीय फिल्मी गीत ....

रफी के नगमे ....

किशोर के नगमे ....

मुकेश के नगमे ....

लता के नगमे ....

महेन्द्र कपूर के नगमे ....

हिट फिल्मी गीत और उनकी स्वर लिपि ....

रफी के दर्द भरे नगमे ....

मुहम्मद अजीज, अनुराधा पौडवाल के हिट गीत- ....

दर्द भरे फिल्मी गीत ....

फिल्मी भक्ति गीत ....

कुमार शानू और उदित नारायण के हिट फिल्मी गीत ...

लोकप्रिय उपन्यास

सामाजिक उपन्यास

गुलशन नंदा

जलती चट्टान ....

घाट का पत्थर ....

नीलकंठ ....

मारियो पूजो

गॉड फादर ....

लम्बे साइज में

कुलदीप सलूजा

बच्चों के जोक्स (लम्बे साइज में) ....

पति-पत्नी के जोक्स ....

प्रेमी-प्रेमिका के जोक्स ....

मजेदार जोक्स ....

लेटेस्ट जोक्स ....

सोसायटी जोक्स ....

मदमस्त जोक्स ....

चुटीले जोक्स ....

मिडनाइट जोक्स ....

मैड जोक्स ....

जीवनोपयोगी साहित्य

डॉ. गिरिराजशरण अग्रवाल

अमृतवाणी ....

अनमोल वचन ....

अनमोल मोती ....

सुरक्षा संस्कृति ....

विश्व आतंकवाद ....

मानवाधिकार दशा और दिशा (पुरस्कृत) ....

पर्यावरण दशा और दिशा (पुरस्कृत) ....

पूनम चन्द रतेरिया ऋषिपुत्र

विवेक दृष्टि ....

डॉ. सरिता शाह

उत्तराखंड में आध्यात्मिक मंदिर एवं तीर्थ स्थल ....

सत्यपाल रुहेला

समाज शास्त्र एक परिचय ....

कार्य पद्धति अनुभव और शिक्षा ....

आर.एन. लखोटिया, सुभाष लखोटिया

संपत्ति का क्रय-विक्रय करने,

किराए पर देने तथा कर संबंधी टिप्स ....

इनकम टैक्स बचाने के अचूक मंत्र ....

सुब्रह्मन्यम स्वामी

रामसेतु, राष्ट्रीय एकता का प्रतीक ....

विविध जोक्स

बिल्लू बादशाह जोक बुक ....

बिल्लू बादशाह के जोक्स ....

बिल्लू बादशाह के मजेदार जोक्स ....

बिल्लू बादशाह के चच जोक्स ....

अकबर बीरबल के जोक्स ....

तेनाली राम की सूझबूझ ....

फिल्मी जोक्स ....

प्रेमी प्रेमिकाओं के जोक्स ....

मुल्ला नसरुद्दीन ....

बच्चों के जोक्स ....

यात्रा विवरण

सरिता शाह

उत्तराखंड में आध्यात्मिक

मंदिर व तीर्थ स्थल ....

भारत के पर्यटन स्थल ....

डायमंड पाकेट बुक्स X-30, ओखला इंडस्ट्रियल एरिया, फेज-II, नई दिल्ली-20

फोन : 011-40712100, फैक्स : 011-41611866, E-mail : Sales@dpb.in, Website : www.dpb.in

भारत की
15 भाषाएं
बोलिये और सीखिये

सम्पादक :
डॉ० प्रभाकर माचवे

डायमंड बुक्स

प्रकाशक : डायमंड पॉकेट बुक्स (प्रा.) लि.
X-30, ओखला इंडस्ट्रियल एरिया, फेज-II
नई दिल्ली-110020
फोन : 011-40712200
ई-मेल : sales@dpb.in
वेबसाइट : www.dpb.in

Bharat Ki 15 Bhashayen Boliye Aur Sikhiye
by : Dr. Prabhakar Machave

: क्रम :

(CONTENTS)

●●●

भूमिका

श्री अमरनाथ ने, जो स्टार पब्लिकेशन्ज के प्रमुख हैं, इस छोटी-सी पुस्तक की पॉकेट बुक और पक्की जिल्द के प्रायः अनेक संस्करण प्रकाशित किये हैं। वे चाहते हैं कि इस नये पुनर्मुद्रण की मैं और एक भूमिका लिखूँ।

जिस प्रकार से पाठकों ने अल्पावधि में इस पुस्तक को उदार आश्रय दिया है, उससे प्रकाशक को और मुझे प्रोत्साहन मिला है। इससे पता चलता है कि सारे देश में (और विदेश से आने वाले अतिथियों में भी) सरल, जेवी, फ्रेज़-बुक्स' (वाक्यावलियों) की कितनी बढ़ती हुई मांग है—ऐसी पुस्तकों से विभन्न प्रदेशों के बोलने वालों के बीच में अधिक सुलभ संभाषण और परस्पर विनिमय बढ़ता है।

भाषाएँ सहायक भी हैं; बाधा भी बन सकती हैं। वे एक प्रकार से बन्धन हैं और अनुबन्ध भी। वे सेतु भी हैं और परस्पर अन्यं पूर्वाग्रह के कारण भी। यह इस पर निर्भर करता है कि हम उन्हें क्या मानते हैं। प्रत्येक व्यक्ति बहुभाषाविद् भाषाशास्त्रज्ञ या भाषा-इतिहासवेत्ता नहीं हो सकता। इसलिए हम इस मामले में अनावश्यक रूप से भावुक न बनें। हमारा दृष्टिकोण अधिक बुद्धिवादी, वैज्ञानिक, उपयुक्ततावादी और कामकाजी होना चाहिये। अपनी मातृभाषा के अतिरिक्त और एक भाषा का ज्ञान एक और गुण की तरह मानना चाहिए। आपसी व्यवहार के लिए हमारे बहुभाषी देश में यह एक अतिरिक्त लाभ ही होगा।

इस छोटी पुस्तक में हो सकता है बहुत-सी भूलें और गलतियाँ रह गई हों। लेखक सर्वज्ञ नहीं है। मैं पाठकों से प्रार्थना करूंगा कि वह अपनी प्रतिक्रियाएँ प्रकाशक तक पहुँचाएँ जिससे हम उसके आकार और सुधार अगले संस्करण में कर सकें।

प्रभाकर माचवे

PREFACE

SHRI AMARNATH of the Star Publications have already sold out many editions in pocket-book and hard-cover form of this book. He has asked me to write a preface for this new re-print. The way this book has received patronage from the readers has encouraged the publisher and myself that there is growing demand throughout the country (and even among foreign visitors) to have easy, handy phrase-books for better parlence and communication between different speakers of reagional and other languages.

Languages are a help, they can also be hindrance. They are a binding and a barrier. they are bridges as well as blind spots. It is how one takes them. Everyone cannot be linguist or a polyglot, still less a philologis...But what is within the reach of a common citizen should be done. Let us not be unnecessarily sentimental on the issue of languages. Our approach should be rational and scientific, progmetic and functional. Knowledge of one more Indian language than one's own mother-tongue is an addtional qualification and an asset in intercommunication in our multi-lingual situation.

In this small book there may be errors and omissions, as the author does claim omniscience. I would like the readers to convey to us their reactions to the publisher so that we can improve upon its form and contents in the next editions.

P. Machhwe

LINGUISTIC VARIATIONS IN INDIA

For an outsider, India seems to be a Bable. The Census Report of 1961 lists a total of 826 languages, including 1,652 mother-tongues. Out of these, 17 languages (241 mother-tongues) are spoken by 50,000,000 and above; 19 languages (69 mother-tongues) are spoken by 40,00,000 and above; 673 languages (857 mother-tongues) are spoken by nearly 20,00,000; 103 non-Indian languages are spoken by 3,15,466. But the national languages listed in the eighth schedule of the Constitution of India are 15, which include 381 mother-tongues; and they are spoken by 38,23,33,847. They are listed below according to the number of speakers from highest to lowest:

1. Hindi 13,34,35,360 (This does not include Bihari-1,68,06,776; Rajasthani-1,49,33,016; Maithili—nearly 5 Million). It is estimated that 96,00,000 people from non-Hindi speaking groups can follow Hindi.

2 Telugu	3,76,68,132
3. Bengali	3,38,88,939
4. Marathi	3,32,86,771
5. Tamil	3,056,2,706
6. Urdu	2,33,23,518
7. Gujarati	2,03,04.404
8. Kannada	1,74,15,827
9. Malayalam	1,70,15,782
10. Oriya	1,57,19,398
11. Punjabi	1,09,50,826
12. Assamese	68,03,465
13. Kashmiri	19,56,115 (Dogri 8,76,000)
14. Sindhi	13,71,932
15. Sanskrit	2,544 (In 1951 Consus the figure was 555 only)

(Figures of 1971 Censes are not available)

Besides these, one may note that Konkani (language spoken in Goa) is the mother-tongue of 13,52,363 and Nepali was listed as the language spoken by 10 Lakhs. Historically speaking, there are four categories of languages in India:

1. Indo-European (Includes all North Indian languages except the four Dravidian Languages);

2. Dravidian (Tamil, Telugu, Malayalam, Kannada);

3. Sino-Tibetan (mostly in the Himalayan belt and Assam hill areas);

4. Austric, Hittite or Munda dialects (Tribal patois of the aboriginals).

Every fifth person has a Dravidian tongue, while every fourth person can follow some kind of Hindustani or Bazaari Hindi. But the whole linguistic pattern is delimited by the fact that our literacy percentage is very low. It is nearly 30% on an average. So the oral form of many languages is not standardized; some of the languages have no grammars as yet available, like Kashmiri.

Script presents another variety. The devanagri script is used for Sanskrit, Hindi, Marathi and Nepalī and Persio-Arabic Script by Urdu, Kashmiri and Sindhi. The Indo-European or Indo-Aryan, North Indian languages and some languages like Telugu in the South, use the same 32 lettered alphabats as in Sanskrit, while Tamil has only 29 letters. A feeble voice recently raised is for the use of Roman script.

But language is not merely a problem confined to the number of native speakers or the oral or written form or the manner it is written–it is more than that. It is an identity mark and hence a prestige issue. People are differentiated on the basis of these language groups. The 1953 States Reorganization Commission gave an added edge to the issue by redrawing the map of india on the basis of linguistic states. This gave rise to troubles in border areas where there are speakers of two rival languages.

There is a built-in sacredness attached to languages and their so-called 'purity' Sanskrit is the Deva-Vani (God's language); and Urdu is written in a script in which the scripture Qoran is written; and Punjabi is called Gurumukhi (coming from the mouth of the Holy Teacher or Guru). And so in South India the D.M.K. has translated the Sanskrit motto SATYAMEVA JAYATE into VEIMEYYE VELLUM, meaning"Truth alone triumphs'; so is the 'Akashvani' changed into 'Vanoli.' So a rapid Tamilisation is the reply to Sanskritisation in the North. Politics has also entered into the picture. The funniest part of this variation is that in the absence of any common media of communication, linguistic battles or rival claims of superiority or oldness etc. are carried on through English.

If one rapidly surveys the situation in the East, South, West and North, one comes across various non-linguistic sociological, cultural and extra-linguistic reasons for linguistic variations. In Assam the dwellers in the hills and on the plains are historically not at ease; hence they dislike each other's language. Bengal had the advantage of early renaissance and the British Empire in India had Calcutta as its Capital till 1911, so it produced a galaxy of great men-pioneers, Scientists, revolutionaries and the only Indian Nobel Prize Winner in literature, Rabindranath Tagore (1861-1941). So Bengali was the next to Hindi language as far as numbers were concerned. Partition of India in 1947 disturbed this balance and East Bengal was left to East Pakistan. Oriya was under the Bengal Presidency till 1904, and so there is strong desire to vie with Bengali. In each state there is a new identity crisis growing and so dislike for other languages, except their own,is naturally growing. This problem is also linked up with jobs and growing literacy. Many newly developed linguistic units feel they are at a handicap.

In the South, though Tamil and Malayalam, as well as Telugu and Kannada have same vocabulary and script-similarities, yet the variation the sharply emphasized. Tamil is the oldest language with as unbroken continuity of tradition, while Sanskrit, though equally old became more and more stratified, and a book language. The pure Tamil spoker in Jaffna (Ceylon), is different from modern Tamil, yet the variation is not so great as in Sanskrit and modern Hindi. Telugu is more linked to North and hence has more influences of Indo-Aryan. Malayalam has the highest Sanskritisms, though there is a marked tendency to go to the indigenous word-stockes. The Muslim Malayalam and the Christian Malayalam have also contributed to the Hindu Malayalam in this rather secularly governed State. Tamil and Kannada speaking land has produced many good Indo-Anglican writers: R.K. Narayan, Raja Rao, K.R. Srinivasa Iyengar, A.K. Ramanujan, B. Rajan are some of the names that suddenly strike us. The Kannada then in the last generation-seem to be under the influence of Aurobindo (Indian Philosopher, 1872-1950, who mostly wrote in English and founded an Ashram in Pondichery).

In the west, Bombay is the most important city, the financial capital of India; and industriallzation has affected both Marathi and Gujarati literatures. Though, strangely enough the greatest hater of mechanization Mahatma Gandhi (1869-1948) was also born here. Gandhi has influenced Gujarati literature deeply. In Indian litratures, Tagore, Aurobino and Gandhi have a deeper influence on the writer's commitment than the superficial influences of Marx and Freud.

In the North, Kashmiri is rather underdeveloped; Panjabi is catching up; but the rich traditions of Urdu and the fascinating panorama of several Dialects coelescing into Khari Boli or modern Hindi (Which has the same Grammatical patterns as Urdu) are worth mentioning. Language Standardization is still a problem with Hindi. It was declared to be a state language to be used, 15 years after the Constitution-framing in 1950, as a link-language. But in 1965 there was resentment and English continues to be a associate language. 'English is the international window' as Nehru called it, and for the present as an essential language to teach science and technology at the University Level. Nehru desired that Hindi should not be imposed on any province and it would be the national language only by common consent of all non-Hindi speaking people.

●●●

TABLE OF TRANSLITERATION

A	B	G	H	Kan	Mal	Mar	Or	P	Sk	Ta	Te
অ	অ	અ	अ	ಅ	അ	अ	ଅ	ਅ	अ	அ	అ
আ	আ	આ	आ	ಆ	ആ	आ	ଆ	ਆ	आ	ஆ	ఆ
ই	ই	ઇ	इ	ಇ	ഇ	इ	ଇ	ਇ	इ	இ	ఇ
ঈ	ঈ	ઈ	ई	ಈ	ഈ	ई	ଈ	ਈ	इ	ஈ	ఈ
উ	উ	ઉ	उ	ಉ	ഉ	उ	ଉ	ਉ	उ	உ	ఉ
ঊ	ঊ	ઊ	ऊ	ಊ	ഊ	ऊ	ଊ	ਊ	ऊ	ஊ	ఊ
ঋ	ঋ	ઋ	ऋ	ಋ	ഋ	ऋ	ଋ		ऋ		ఋ
এ	এ	એ	ए	ಎ	എ	ए	ଏ	ਏ	ए	எ	ఎ
				ಏ	ഏ					ஏ	ఏ
ঐ	ঐ	ઐ	ऐ	ಐ	ഐ	ऐ	ଐ	ਐ	ऐ	ஐ	ఐ
ও	ও	ઓ	ओ	ಒ	ഒ	ओ	ଓ	ਓ	ओ	ஒ	ఒ
				ಓ	ഓ					ஓ	ఓ
ঔ	ঔ	ઔ	औ	ಔ	ഔ	औ	ଔ	ਔ	औ	ஔ	ఔ
ক	ক	ક	क	ಕ	ക	क	କ	ਕ	क	க	క
খ	খ	ખ	ख	ಖ	ഖ	ख	ଖ	ਖ	ख		ఖ
গ	গ	ગ	ग	ಗ	ഗ	ग	ଗ	ਗ	ग		గ
ঘ	ঘ	ઘ	घ	ಘ	ഘ	घ	ଘ	ਘ	घ		ఘ
ঙ	ঙ	ઙ	ङ	ಙ	ങ	ङ	ଙ	ਙ	ङ	ங	ఙ

A	B	G	H	Kan	Mal	Mar	Or	P	Sk	Ta	Te
য়	য়	ય	य	ಯ	യ	य	ଯ	ਯ	य	ய	య
র	ৰ	ર	र	ರ	ര,റ	र	ର	ਰ	र	ர,ற	ర
ল	ল	લ	ल	ಲ	ല,ഴ	ल	ଲ	ਲ	ल	ல,ழ	ల
ব	ব	વ	व	ವ	വ	व	ଵ	ਵ	व	வ	వ
শ	শ	શ	श	ಶ	ശ	श	ଶ	ਸ਼	श		శ
ষ	ষ	ષ	ष	ಷ	ഷ	ष	ଷ		ष	ஷ	ష
স	স	સ	स	ಸ	സ	स	ସ	ਸ	स	ஸ	స
হ	হ	હ	ह	ಹ	ഹ	ह	ହ	ਹ	ह	ஹ	హ
		ળ		ಳ	ള	ळ	ଳ				ళ
					ററ					ற்ற	
ং	ং			ಂ		ं	ଂ				ం
ঃ	ঃ		ः	ಃ		ः	ଃ		ः	ஃ	

(for Urdu transliteration, please turn the page)

Key to the Table:

A= Assamese	असमिया	Or= Oriya	उड़िया
B=Bengali	बंगला	P=Punjabi	पंजाबी
G= Gujarati	गुजराती	Sk= Sanskrit	संस्कृत
H= Hindi	हिन्दी	Ta=Tamil	तमिल
Kan=Kannada	कन्नड़	Te=Telugu	तेलुगु
Mal= Malayalam	मलयालम	U=Urdu	उर्दू
Mat=Marathi	मराठी		

●

असमिया या आखोमिया आसाम प्रदेश की भाषा है। इसके बोलने वाले करीब 68 लाख भारतवासी हैं। इसी प्रदेश से मिला हुआ नागालैंड (प्रदेश) है जहाँ कई बोलियाँ बोली जाती है। असमिया भाषा आसाम में आरवोम लोगों के आने के बाद से शुरू हुई और शुरू का साहित्य गद्य में युद्ध के वर्णन या राजवंश के वर्णन में मिलता है, जिसे 'बुरूंजी' कहते हैं। सोलहवीं सदी में शंकरदेव सबसे बड़े पहले कवि हुए जिन्होंने आसाम में वैष्णव 'नाम-घर' बसाये और जिनकी पदावलि प्रसिद्ध है।

असमिया और बँगला की लिपि एक जैसी है। एक-दो अक्षर जैसे च, स, र आदि में अन्तर है। स्वरों में बँगला की तरह असमिया में 'अ को 'ऑ' और 'ऐ' को 'ओइ' कहते हैं। 'ए' को 'ऍ' की तरह बोलते हैं।

व्यंजनों में 'स', 'श', 'ष' का उच्चारण 'ह' होता है। जैसे शान्ति को 'हान्टि' कहते हैं। इस भाषा में 'त' या 'ट', 'द' या 'ड' का उच्चारण एक-सा ही होता है। 'च' या 'छ' का उच्चारण 'स' की तरह होता है। जैसे लिखते हैं 'चा खा', बोलते हैं 'सा खा'। सामान्यतः अन्तिम अ स्वर अनुच्चरित रहता है।

यह भाषा भी संस्कृतोत्पन्न है और इसमें संस्कृत से कई शब्द ज्यों के त्यों लिये गए हैं।

ASSAMESE

Assamiya or Akhomia is the language of the state of Assam. It is spoken by nearly 68 million Indians. Nagaland is proximate to this state, where several dialects are spoken. Assamese language was adapted after the advent of Ahom peple. Its earliest literature consists of 'Burunji' or prose descriptions of battles and royal dyhasties. In the 16th century the great poet Shankardev established Nam-ghars of Vaishnavas. His devotional songs are famous.

The script of Assamese and Bengali are the same. One or two letters like Ch, S,R, are diferent, the vowels pronounced like Bengali-'A' as 'O' and 'Ai' as 'Oi', 'Ae' is pronounced as ' Aye'.

In the consonents 'S' 'Sh' and 'Sh' are pronounced as 'H'. For example 'Shanti' would be 'Hanti' in this language. 'T' and 'D' as soft or hard are pronounced alike. 'Ch' and 'Chh' is pronounced as 'S'. For example they would write 'chakha', but would pronounce it as 'Sakha'. Generally the last 'A' is un-pronounced.

This language is also Sanskrit-born. Many words are taken from Sanskrit as they are.

●●●

हिन्दी-अंग्रेजी उच्चारण	असमिया उच्चारण
1. यहाँ होटल किधर है?	इयाट होटल कट आछे?
Where is the hotel?	Iyat hotal kat achhe?
2. क्या इस होटल में जगह खाली है?	एइ होटलत ठाइ आछे ने?
Is there any accommodation in the hotel?	Ei hotelat thai achhe ne?
3. जी हाँ।	हय।
Yes, sir.	Hai.
4. जी, नही।	न हय।
No, sir.	na hai.
5. अन्दर आइये।	भितर लै आहा।
Come in..	Bhitar lai aha.
6. ओह! आइये, बैठिये।	ओ! आहक, बहक।
Hallo, come in, be seated.	O ! Ahak bahak.
7. आपको क्या चाहिए?	तोमाक कीं लागे?
What do you want?	Tomak Ki lage?
8. आपका नाम क्या है?	तोमार नाम की?
What is your name?	Tomar nam ki?
9. नमस्ते आप कैसे हैं?	नमस्कार, आपुनि केने आसे?
Namaste, How do you do?	Namaskar, apuni kene ase?
10. मैं अच्छा हूँ।	भाल आछि।
I am fine.	Bhala achhi!
11. मेरा नाम...है	मोर नाम...आछे
My name is..	Mor name... acche.
12. आप क्या काम करते हैं?	आपुनि कि करे?
What is your business?	Apuni ki kare?
13. आप कहाँ के रहने वाले हैं?	आपण केउंठि रहंति?
Where do you reside?	Apan Keunthi rahanti?
14. शहर का नाम क्या है?	नगरखनर नाम की?
What is the name of the town?	Nagarkhanar nam ki?
15. नगर का नाम...है	नगरखनर नाम...
The name of the town is...	Nagarkhanar nam..
16. आप यहाँ कब आये?	आपुनि केतिया आहिले?

हिन्दी-अंग्रेजी	असमिया
When did you come here?	Apuni ketiya ahile?
17. आपकी उम्र क्या है?	आपनार बयस किमान?
How old are you?	Apnar bayas Kiman?
18. आपका घर कहाँ है?	आपनार घर कत आछे?
Where is your house?	Apnar ghar kat achhe?
19. यह फार्म लीजिए और भर कर दीजिए।	हेइ फार्म खन लओक अरु भराई दियाक
Take this form and fill it.	Hei form Khan laok aru bharai diyak.
20. आप एक दिन का क्या लेते हैं?	दिने इयात भारा किमान?
What is the daily charge?	Dine iyat bhara Kiman?
21. इस कमरे का किराया क्या है?	एइ कोठाठोर भारा किमान?
What is the rent of this room?	Ei Kothathor Bhara Kiman?
22. आप कैसा भोजन देते हैं?	आपुनि की खाबा लै दिये?
What Kind of food do you serve?	Apuni ki khaba lai diye?
23. शाकाहारी या मांसाहारी?	निरामिह ने आमिह
Vegetarian or non-vegetarain?	Niramih ne amih?
24. दोनों	दुयोटा
Both.	Duyota.
25. सामने के कमरे में जाइये।	सन्दुखर घरटो लै जाओक
Go to the front room.	Sandukhar gharto lai jaok.
26. जो चाहे माँग लीजिये।	किबा लागिले खूजिबी
Ask for whatever you want.	Kiba lagile khuzibi
27. क्या आप मुझे थोड़ा पानी देंगे?	मोक अलप पानी आनि दिबने?
Will you get me some water?	Mok alap pani ani dibane?
28. आप वहाँ आइये	आपुनि तालै आहिब
You come there.	Apuni talai ahib
29. खाना लाओ	खोवार लै आहा
Bring the food.	Khovar lai aha.
30. कपड़े धोओ।	कापोर धोवा।
Wash the clothes.	Kapor dhova.
31. चिट्ठी लेटर-बक्स में डालो	एइ चिठिखन चिठिर बाकचत पेलाइ दिबा।
Post these letters.	Ei chithikhan chithir bakchat pelai diba.

हिन्दी-अंग्रेजी	असमिया
32. मैं यह भाषा जानता हूँ।	मइ एइ भाषा जानो।
I know this language.	mai ei bhasha jano.
33. मैं यह भाषा नहीं जानता हूँ।	मइ एइ भाषा न जानो।
I do not know this language.	Mai ei bhasha na jano.
34. यह चेक भुनाना है।	एइ चेकखन भंगाब लागे।
This cheque is to be cashed.	Ei chek-khan bhangab lage.
35. मुझे ट्रंक काल करना है।	मइ एटा ट्रंक कॉल करीब खूजिछो
I want to book a trunk call.	Mai eta Trunk-call karib khujichho
36. चाय पिओ।	चाह खोवा।
Have some tea.	Chah khova.
37. आइये, हम चाय पियें।	आहक, आमि चाह खाओंगे।
Come, let's have tea.	Ahak, ami chah khaonge.
38. क्षमा करें, मैंने अभी चाय पी है।	क्षमा करोक, एइमात्र चाह खाई आहिछो।
Excuse me, I have just had my tea.	Kshama karok, eimatra chah khai ahichho.
39. क्या आप सिगरेट पियेंगे?	चुरट खाबने?
Would you like to smoke?	Churat khabne?
40. नहीं, मैं सिगरेट नहीं पीता।	नाइ, मइ चुरट न खाओं।
Sorry, I don't smoke.	Nai mai churat na khaon.
41. यहाँ पेशाबघर कहाँ है?	जनसाधारणर पेशाबघर कोत?
Where is the public toilet?	Janasadharanar peshabghar kota?
42. जल्दी करो।	बेगते करा।
Make haste.	Begate kara.
43. गाड़ी किस प्लेटफार्म पर आयेगी?	गाड़ी कोन प्लैटफार्मत रब?
What platform will the train be coming on?	Gadi kon platformat rab?
44. यहाँ गाड़ी कितनी देर ठहरती है?	इयात गाड़ी किमान पर रब?
How long will the train stop here?	I yat gadi kiman par rab?
45. गठरी उठाओ।	टोपोला तोला।
Pick up the bundle.	Topola tola.
46. ऐ कुली, सामान उठाओ।	एइ कुली, माल उठा।
Porter, take the luggage.	Ei kuli mal utha.

हिन्दी-अंग्रेजी	असमिया
47. नम्बर क्या है?	नम्बर किमान?
What is your number?	Number Kiman?
48. वेटिंगरूम (प्रतीक्षालय) कहाँ है?	वेटिंग रूम कत आछे?
Where is the waiting room?	Waiting room kat achhe?
49. थोड़ी देर बैठिये।	अलप समय बहक।
Be seated for a while.	Alap samay bahak.
50. थोड़ी देर ठहरो।	अलप पर रोवा।
Wait a bit.	Alap par rova.
51. मैं आपकी राह देखूँगा।	मइ रोइ थाकिब।
I shall wait for you.	Mai roi thakib.
52. मेरी राह मत देखना।	मो लै रै ने थाकिब।
Please don't wait for me.	Mo lai rai ne thakib.
53. आप कहाँ जा रहे हैं?	आपुनि कलै जाब?
Where are you going?	Apuni kalai jab.
54. रास्ता बताओ।	बाट देखु ओवा।
Show the way.	Bat dekhu ova.
55. क्या कोई सवारी जल्दी मिल सकेगी?	ओछरत कोनो गारी पोवा याबने की?
Is there any conveyance readily available?	Ochharat kono gari pova yabne ki?
56. यह बस कहाँ जाती है?	एइ बाचखन कलै जाब?
Where does this bus go?	Ei bachakhan kalai jab?
57. आपके कितने पैसे हुए?	अपनार पाइचा किमान हैचे?
What is your bill?	Apnar paicha kiman haiche?
58. इस चीज के दाम क्या हैं?	एइ बस्तुटोर दाम किमान?
What is the price of this things?	Ei bastutor dam kiman?
59. यहाँ से बाजार कितनी दूर है?	इयार परा बजारले किमान दूर?
How far is the market?	Iyar para bajarle kiman dur.?
60 बहुत दूर।	बहुत दूर।
It is quite distant.	Bhaut dur.
61. मुझे टैक्सी कहाँ मिलेगी?	मइ टैक्सि कत पाम?
Where can I get a taxi?	Mai taxi kat pam?

हिन्दी-अंग्रेजी	असमिया
62. अगले मोड़ पर।	सेइ कोणत।
At the next crossing.	Sei konata.
63. क्या लोगे?	किमान लागिब?
How much will you take?	Kiman lagib?
64. मेरे पास रेजगारी नहीं है।	मोर ओछरत भांग्नी नाइ।
Sorry, I don't have any change.	Mor ochharat bhangni ṇai.
65. नहीं, इतने में पूरा नहीं पड़ता।	ओं हों दिब नो वारिम।
Sorry, I can't afford it.	On hon dib no varim.
66. क्या माल अच्छा है न?	बस्तुटो भालो ने?
Is the stuff alright?	Bastuto bhalo ne?
67. रंग पक्का है न?	रंग ना जाय तो?
Is the colour fast?	Rang na jai to?
68. हाँ, हाँ जरूर।	ओं निश्चय।
Certainly.	On nischya.
69. एक गज का क्या दाम है?	गजे दाम किमान?
How Much per yard?	Gaje dam Kiman?
70. देखिये, बाहर कौन आया है?	चोवाछुन, बाहिरत कोन आछे?
Go look, someone is at the door?	Chovachhun, bahirat kon achhe?
71. क्या काम है?	कि काम आछे?
What is the work?	Ki kam achhe?
72. क्षमा कीजिये, मैंने आपके काम में खलल डाला।	क्षमा करिब, मइ आपोनाक् बिरक्त करिछों
Excuse me, I have disturbed you.	Kshama Karib, mai apunak birakt karichhon.
73. आपको उनसे कोई काम है?	किबा सकाम आछिल ने कि?
Have you any business with him?	Kiba sakam achhil ne ki?
74. मैं खुद उनसे मिलना चाहता हूँ।	ते ओंर लगत देखा करार अवश्यक।
I want to see him personlly.	Te onr lagat dekha karar avashyak.
75. कहिये कैसे क्या चल रहा है?	तार पिचत कओक कोन खब़र बातरि?
How is everything?	Tar pichat kaok kon khabar batari?

हिन्दी-अंग्रेजी	असमिया
76. उसने मुझे यह समाचार सुनाया।	तेओं मोक एइ खबरटो दिने।
He gave me the news.	Teon mok ei khabarto dine.
77. आपका स्वर बहुत मीठा है।	तोमार मात तो बेच मिठा आछे।
Your voice is very sweet.	Tomar mat to bech mitha achhe.
78. एक गाना गाइये न।	एटा गान गोवाचोन।
Please sing a song.	Eta gan govachon
79. मैं गाना नहीं जानता।	मइ गान गाब नेजानों।
I can't sing.	Mai gan gab nejanon.
80. एक बार कोशिश तो कीजिये।	एबार चेष्टा करी छोवा।
There is no harm in trying once.	Ebar cheshta kari chhova.
81. आपके पास कोई आया था।	आपनाक बिचाडि कोनो बा आसिल।
Some one had come to see you.	Apnak bichadi kono ba asil.
82. वह मेरा पड़ोसी है।	तेओं मोर ओचर चिबुरिया।
He is my neighbour.	Teon mor ochar chiburiya.
83. कितने दिन की छुट्टी लेनी पड़ेगी?	छुटि किमान दिनर लब लागिब?
For how many days shall I remain on leave?	Chhuti kiman dinar lab lagib?
84. मैं पिछले कई दिन बीमार था।	जोवा केइ दिन मोर गाबेया आछिल।
I was ill for last few days.	Jova kei din mor gabeya achhil.
85. मैं आज से एक महीने की छुट्टी पर हूँ।	आजिर परा मइ एइ माहर छुटी लेंछो।
I am on leave for a month from today.	Ajir para mai ei mahar chhuti lenchho.
86. मेरे लिए कुछ अच्छी पुस्तकें भेजो।	मो ले किछुमान भाल किताब पठाइ दिया
Send some good books for me.	Mo lai Kichhuman bhal Kitab pathai diya.
87. मैं आपको अपना फोटो भेजूँगा।	मइ तोमार लै मोर छबि पठाइ दिम।
I will send you my photograph.	Mai tomar lai mor chhabi pathai dim.
88. बाद में थोड़ा आराम कीजिये।	तार पिछत बिश्राम लब।
Take a little rest after that.	Tar pichhat bisharam lab.
89. गुस्सा न कीजियें।	खंग न करिबा।
Don't be angry.	Khang na kariba.
90. डरो मत।	भय न करिबा
Don't be afraid.	Bhay na kariba

●

2
बंगला

बंगला या बंगाली भाषा स्वतन्त्रता से पहले भारत में हिन्दी के बाद दूसरे नम्बर की भाषा इस माने में थी कि इसके बोलने वाले बहुत अधिक थे। अब यह स्थान तेलुगु को है। अब बंगला बोलने वाले लगभग साढ़े चार करोड़ (4,45,21,533) लोग हैं। यह भाषा भी आर्य–भारतीय परिवार की भाषा है, और ब्रजबुलि इसका आरम्भिक रूप था। इसका प्रथम रूप सातवीं शताब्दी के 'बौद्ध गान ओ दोहा' में सिद्धों के पदों में मिलता है। चण्डीदास और बाउल गाने वाले सन्तों के बाद आधुनिक काल में राजा राममोहनराय से आज तक इस भाषा में बड़े–बड़े साहित्यकार हुए। विश्वकवि रवीन्द्रनाथ ठाकुर से पहले 'बन्देमारतम्' के लिखने वाले बंकिमचन्द्र चटर्जी और बाद में शरत्चंद्र को कौन नहीं जानता?

यह भाषा भी संस्कृत–मूलक होने से इसमें तत्सम–तद्भव शब्द अनेक हैं। इसके उच्चारण में 'अ' को विशेष रूप से 'ऑ' जैसा गोलाकार रूप मिलता है। अंतिम स्वर अक्सर 'ओ' होता है, जैसे 'कत' को 'कॉतो' कहेंगे। 'ए' को 'अें' और 'ऐं' को 'ओइ' कहते हैं।

मागधी प्राकृत की भाँति बंगला व्यंजनों में 'स' को 'श' बोलने का रिवाज है। 'बसन्त' को 'बाशोन्तो' बोलेंगे। केवल जहाँ 'स' की सन्धि 'त' 'थ' या 'न' से होती है 'स' को 'स' ही बोलते हैं। 'क्ष' को 'क्ख' और 'य' को 'ज' कहते हैं। बँगला में 'वबयोरभेद:' यानी 'व' की जगह 'ब' बोलने का रिवाज है। 'ण' सदा 'न' बोला जाता है।

जहाँ दो व्यंजन जुड़े हुए होते हैं, वहाँ पहले को ही दोहरा बनाया जाता है, जैसे 'पद्म' को कहेंगे 'पॉद्दो या 'सत्य' को 'शॉतो'। इस किताब में जो देवनागरी में बँगला वाक्य लिखे गये हैं वे जैसे लिखे जाते हैं उसी हिसाब से हैं। बोलने में उनका उच्चारण भिन्न होगा। अनुस्वार में 'ङ' जोड़ा जाता है।

बँगला से हिन्दी में सिखाने वाली कई पुस्तकें हैं। एक 'निराला' की लिखी 'बंगला–हिन्दी शिक्षक' पुस्तिका है। बंगला–हिन्दी कोश भी मिलते हैं। रवीन्द्रनाथ की सब चुनी हुई रचनाएँ नागरी अक्षरों में मिलती हैं। अनेक उत्तम ग्रन्थों के हिन्दी अनुवाद मिलते हैं।

BENGALI

Before partition, Bengali was the language next to Hindi as far as the number of its speakers was concerned. Now Teluge occupies that position. Now Bengali speakers are equal to Marathi, nearly 40 millions.

Bengali is language belonging to Indo-Aryan stock: Brajboli was its earlier form. Its earliest form is found in the *padas* of Siddhas in seventh century 'Baudha' Gan O Doha'. Chandidasa and Baul singers in the past, and in the modern period many authers and thinkers after Raja Ram Mohan Roy have been know throughout the world. Bankima Chandra, the singer of *Bande Mataram,* the great poet Rabindranath Tagore and the novelist Sharat Chandra are known everywhere.

As this language is based on Sanskrit, there are many words derived directly or similiar to that basied language In its pronunciation the vowel 'A' is pronounced in a rounded manner like 'Awe' : the last vowel is turned into 'O'; e.g 'Kata' will be pronounced as 'Kato'.

Like Magadhi Prakrit, Bengali has also the tendency to pronounce 'S' as 'Sh'. Basant would become 'Bashonto'. 'S' remains 'S' when it is compounded with 'T', 'Th' or' 'N', Ksha is pronounced 'Kkha', 'Y' as 'J'. In Bengali 'V' is pronounced as 'B'. 'N' is always 'N'.

When two consonents are compound, the first is stressed. As 'Padma' becomes 'Poddo'; 'Satya' Shotto'. In this book the Devanagari and the Poman transliterations are not of spoken Bengali, but of Bengali as written.

There are many books from Bengali into Hindi. Nirala wrote one Bengali self-teacher; there are dictionaries also. All the select writings of Tagore are available in Devanagari also. Many good books in Bengali are available in Hindi and English.

●●●

हिन्दी अंग्रेजी उच्चारण	बंगला उच्चारण
1. यहाँ होटल किधर है?	एखाने होटल कोथाय आछे?
Where is the hotel?	Ekhane hotel kothay achhe?
2. क्या इस होटल में जगह खाली है?	एइ होटेले जायगा पाओआँ जाबे कि?
Is there any accommodation in the hotel?	Ej hotele jayaga paoa jabe ki?
3. जी हाँ।	आज्ञे, हाँ।
Yes, sir.	Agge han.
4. जी, नहीं।	आज्ञे, ना।
No, sir.	Agge na.
5. अन्दर आइये।	भितरे ऐशो।
Come in.	Bhitare esho.
6. ओह ! आइये, बैठिये।	एइजे ! आसुन, बसुन।
Hallo, come in, be seated	Eije ashun boshun.
7. आपको क्या चाहिए?	तुमि की चाओ?
What do you want?	Tumi ki chao?
8. आपका नाम क्या है?	तोमार नाम की?
What is your name?	Tomar nam kee?
9. नमस्ते आप कैसे हैं?	नमस्कार, केमन आछेन?
Namaste, How do you do?	Namaskar, kemon achhen?
10. मैं अच्छा हूँ।	भालो आछि।
I am fine.	Bhalo achhi.
11. मेरा नाम...है।	आमार नाम...आछे।
My name is..	Amaar nam..achhe.
12. आप क्या काम करते हैं?	आपनि कि कोरेन?
What is your business?	Apani ki koren?
13. आप कहाँ के रहने वाले हैं?	आपनि कोथाय थाकेन?
Where do you reside?	Apani kothaya thaken?
14. शहर का नाम क्या है?	शहरटार नाम की?
What is the name of the town?	Shahartar nam ki?
15. नगर का...नाम है।	ए शहरटार नाम...।
The name of the town is...	E shahartar nam...
16. आप यहाँ कब आये?	आपनि कखन एखाने एशेछेन?

हिन्दी अंग्रेजी	बंगला
When did you come here?	Apani kakhan ekhane eshechhen?
17. आपकी उम्र क्या है?	आपनार वयस कत?
How old are you?	Apnar bayas kato?
18. आपका घर कहाँ है?	तोमार बाड़ी कोथाय आछे?
Where is your house?	Tomar badi kothay achhe?
19. यह फार्म लीजिये और भर कर दीजिए।	ओइ फर्म निये, भरती करे दिन।
Take this form and fill it.	Oi farm niye bharati kore din
20. आप एक दिन का क्या लेते हैं?	दिनपिछु कत नेन?
What is the daily charge?	Dinpichhu kato nan?
21. इस कमरे का किराया क्या है?	एइ घरटार भाड़ा कत?
What is the rent of this room?	Ei ghartar bhara kat?
22. आप कैसा भोजन देते हैं?	आपनारा कि कि खेत देन?
What Kind of food do you serve?	Apnara ki ki khete den?
23. शाकाहारी या मांसाहारी?	निरामिष अथवा सामिष?
Vegetarian or non-vegetarain?	Niramish athava samish?
24. दोनों।	दुटाई।
Both.	Dutoi.
25. सामने के कमरे में जाइये।	सामनेर घेरे जान।
Go to the front room.	Samner ghare jan.
26. जो चाहे माँग लीजिये।	दरकार हले चेये नियो।
Ask for whatever you want.	Darkar hale cheye niyo
27. क्या आप मुझे थोड़ा पानी देंगे?	आमाय एकटु खाबार जल देबेन?
Will you get me some water.	Amay ektu khabar jol deben?
28. आप वहाँ आइये।	तुमि आखाने एशो।
You come there.	Tumi okhane esho.
29. खाना लाओ।	खाबार निये एशो।
Bring the food.	Khabar naye esho.
30. कपड़े धोओ।	कापाड़ काचो।
Wash the clothes.	Kapad kacho.
31. चिट्ठी लेटर-बक्स में डालो।	एइ चिटिटा लेटार बक्से फेले दियो।
Post these letters.	Ei chitita letarbakse phele diyo.
32. मैं यह भाषा जानता हूँ।	आमि एइ भाषाटि जानि।

हिन्दी अंग्रेजी	बंगला
I know this language.	Ami ei bhashati jani.
33. मैं यह भाषा नहीं जानता हूँ।	आमि एइ भाषाटि जानि ना
I do not know this language.	Ami ei bhashati jani na.
34. यह चेक भुनाना है।	एइ चेकखाना भ्ँागाते हबे।
This cheque is to be cashed.	Ei chekkhana bhangate hobe.
35. मुझे ट्रंक काल करना है।	आमि ट्रंक काल कोरते चाय्।
I want to book a trunk call.	Ami trark-kal korte chay.
36. चाय पिओ।	चा खाओ।
Have some tea.	Cha khao.
37. आइये, हम चाय पियें।	एशो आमरा चा खाई।
Come, let's have tea.	Esho amra cha khai.
38. क्षमा करें, मैंने अभी चाय पी है	माफ करुन, एइमात्र चा खेये आसछि।
Excuse me, I have just had my tea.	Maph karun, eimatr chakheye ashechhi.
39. क्या आप सिगरेट पियेंगे?	सिगरेट खाबेन?
Would you like to smoke?	Sigaret Khaben?
40. नहीं, मैं सिगरेट नहीं पीता।	ना आमि सिगरेट खाइ ना।
Sorry, I don't smoke.	Na ami sigarat khai na.
41. यहाँ पेशाबघर कहाँ है?	पेशाबघर कोथाय आछे?
Where is the public toilet?	Peshabghar kothay achhe?
42. जल्दी करो।	ताड़ाताड़ी करो।
Make haste.	Tadatadi karo.
43. गाड़ी किस प्लेटफार्म पर आयेगी।	गाड़ी कोन् प्लेटफार्मे आसबे?
What platform will the train be coming on?	Gadi kon platforme ashbe?
44. यहाँ गाड़ी कितनी देर ठहरती है?	एखाने गाडी कत क्षण दाँडाबे?
How long will the train stop here?	Ekhane gadi kato khan dandabe?
45. गठरी उठाओ।	मोट् तोलो।
Pick up the bundle.	Mot tolo.
46. ऐ कुली, सामान उठाओ।	ए मुटे, माल तोलो।
Porter, take the luggage	E mute, mal tolo.
47. नम्बर क्या है?	नम्बर कतो?

हिन्दी-अंग्रेजी	बंगला
What is your number?	Namber kato?
48. वेटिंगरूम (प्रतीक्षालय) कहाँ है?	ओयोटिंग रूम कोथाय आछे?
Where is the waiting room?	Oyoting room kothay achhe?
49. थोड़ी देर बैठिये।	एकटु बशुन।
Be seated for a while.	Ektu boshun.
50. थोड़ी देर ठहरो।	एकटु खानि दाँड़ाओ।
Wait a bit.	Ektu khani dandao.
51. मैं आपकी राह देखूँगा।	आमि तोमार अपेक्षा कुरबो।
I shall wait for you.	Ami tomar apeksha karabo
52. मेरी राह मत देखना।	आमरजन्ये अपेक्षा करो ना।
Please, don't wait for me.	Amarjanye apeksha karo na.
53. आप कहाँ जा रहे हैं?	आपनि कोथाय जाबेन?
Where are you going.	Apni kothay jaben?
54. रास्ता बताओ।	पथ बोले दाओ।
Show the way.	Path bole dao.
55. क्या कोई सवारी जल्दी मिल सकेगी?	काछाकाछि कोनो गाड़ी मिलबे की?
Is there any conveyance readily available?	Kachhakachhi kono gadi milbe ki?
56. यह बस कहाँ जाती है?	एइ बासटा कोथाय जाय?
Where does this bus go?	Ei bashta kothay jay?
57. आपके कितने पैसे हुए?	आपनाके कत दाम दिते हबे?
What is your bill?	Apnake kato dam dite habe?
58. इस चीज के दाम क्या हैं?	ए जिनिषटार दाम कत?
What is the price of this thing?	E jinishtar dam kato?
59. यहाँ से बाजार कितनी दूर है?	एखान थेके बाजार कत दूर?
How far is the market?	Ekhan theke bajar kato dur?
60 बहुत दूर।	अनेक दूरे।
It is quite distant.	Onek dure.
61. मुझे टैक्सी कहाँ मिलेगी?	आमि टॉक्सि कोथाय पाबो?
Where can I get a taxi?	Ami Taxi kothay pabo?
६२. अगले मोड़ पर।	रास्तार ए कोने।
At the next crossing.	Raster e kone.

हिन्दी-अंग्रेजी	बंगला
63. क्या लोगे?	की नेबे?
How much will you take?	Ki nebe?
64. मेरे पास रेजगारी नहीं है।	आमार काछे खुचरो नेइ।
Sorry, I don't have any change.	Amar kachhe khochro nei.
65. नहीं, इतने में पूरा नहीं पड़ता।	ना दिते पारबो ना?
Sorry, I can't afford it.	Na dite parbo na?
66. क्या माल अच्छा है न?	जिनिष भाल तो?
Is the stuff alright?	Jinish bhalo to?
67. रंग पक्का है न?	रंग पाका तो?
Is the colour fast?	Rang paka to?
68. हाँ, हाँ जरूर।	हें हें निश्चोइ।
Certainly.	Hen hen nischovi.
69. एक गज का क्या दाम है?	कत कोरे गज?
How Much per yard?	Kato kore gaj?
70. देखिये, बाहर कौन आया है?	देखुन तो बाहिरे के डाकछे?
Go look, someone is at the door?	Dekhun to bahire ke dakchhe?
71. क्या काम है?	कि काज आछे?
What is the work?	Ki kaj achhe?
72. क्षमा कीजिये, मैंने आपके काम में खलल डाला।	क्षमा करुन, आमि अपनार काजे बाधा दियेछि।
Excuse me, I have disturbed you.	Kshama karun, ami apnar kaje badha diyechhi.
73. आपको उनसे कोई काम है?	कोन काज छिलो की?
Have you any business with him?	Kon kaj chhilo ki?
74. खुद उनसे मिलना चाहता हूँ।	तार संगे देखा करा दरकार।
I want to see him personally.	Tar shange dekha kara darkar.
75. कहिये, कैसे क्या चल रहा है?	बलुन, की खबर आछे?
How is everything?	Bolun, Ki khaber achhe?
76. उसने मुझे यह समाचार सुनाया।	आमाके एइ खबराटि दिये छिल।
He gave me the news.	Amake ei khabrati diye chhilo.
77. आपका स्वर बहुत मीठा है।	तोमार स्वर बेश मधुर आछे।

हिन्दी-अंग्रेजी	बंगला
Your voice is very sweet.	Tomar swarta besh madhur achhe.
78. एक गाना गाइये न।	एकटु गाना गान ना।
Please! sing a song.	Ektu gan gan na.
79. मैं गाना नहीं जानता।	आमि गाइते जानि ना।
I can't sing.	Ami gaite jani na.
80. एक बार कोशिश तो कीजिये।	एक बार चेष्टा करे देखून।
There is no harm in trying once.	Ekbar cheshta khore dekhoon.
81. आपके पास कोई आया था।	तोमार काछे एकजन ऐशेछिल।
Someone had come to see you.	Tomar kachhe ekjan eshechhilo.
82. वह मेरा पड़ोसी है।	से आमार ,पडसी आछे।
He is my neighbour.	Se amar padashi achhe.
83. कितने दिन की छुट्टी लेनी पड़ेगी?	कतो दिनेर छूटि निते हबे?
For how many days shall I remain on leave?	Kato diner chhuti nite hobe?
84. मैं पिछले कई दिन बीमार था।	गेल कदिन धरे आमि असुस्थ छिलाम
I was ill for last few days.	Gelo kadin dhore ami ashusth chhilam.
85. मैं आज से एक महीने की छुट्टी पर हूँ।	आमि आज थेके एकमास छुटिते थाकब।
I am on leave for a month from today.	Ami aj theke ekmas chhutite thakbo.
86. मेरे लिए कुछ अच्छी पुस्तकें भेजो।	अमाके कतगुलो भाल बइ पाठिये दाओ।
Send some good books for me.	Amake katogulo bhalo boi pathie dao.
87. मैं आपको अपना फोटो भेजूँगा।	आमि तोमार काछे आमर छबि पाठिये दिब।
I will send you my photograph.	Ami tomar kachhe amar chhabi pathiye dibo.
88. बाद में थोड़ा आराम कीजिये।	तारपर किछु दिन बिश्राम नेबेन्।
Take a little rest after that.	Tarpar kichhu din bishram naben.
89. गुस्सा न कीजिये।	राग कोरो ना।
Don't be angry.	Rag koro na.
90. डरो मत।	भय कर ना।
Don't be afraid.	Bhoy karo na.

3
उड़िया

उड़ीसा में उड़िया भाषी करीब डेढ़ करोड़ (1,57,19,398) हैं। इनके प्राचीन साहित्य में सरलादास, उपेन्द्र भंज, भीम भोई जैसे सन्त कवि हुए हैं। आधुनिक काल में फकीरमोहन, सेनापति, राधाकान्त एवं मधुसूदन आदि प्रसिद्ध लेखक हुए।

उड़िया भी असमिया और बंगला की तरह संस्कृत-मूलक आर्य भारतीय भाषा है, यद्यपि इनकी लिपि पर द्राविड़ लिपि का असर है। इस भाषा में भी प्रथम वर्ण बंगला की तरह गोलाकार होता है, पर कम। 'अ' को 'अऽ' की तरह बोलते हैं।

उड़िया में मराठी और द्राविड़ भाषाओं की तरह 'ल' एक विशेष व्यंजन होता है। 'य' का उच्चारण 'ज' की तरह होता है। 'र' के 'य' मिलने से 'जे' बोला जाता है। जहां 'श' या 'ष' हो उसे 'स' कहते हैं। 'शहर' 'सह' बोला जाता है। वैसे अन्य वर्ण जैसे लिखे जाते हैं वैसे ही बोले जाते हैं। 'व' और 'ब' का भेद भी बंगला की तरह नहीं है। 'क्ष' 'ख्य' को कहते हैं। 'ऋ' को 'रू' बोला जाता है।

उड़िया से हिन्दी में बहुत कम पुस्तकें अनूदित हैं। एक उड़िया हिन्दी शिक्षक है। एक कोश भी। पर सिवा दो-तीन उपन्यासों और एक–दो कविता पुस्तकों के हिन्दी में उड़िया के बारे में बहुत कम सामग्री है।

●●●

ORIYA

In Orissa there are nearly 15 million Oriya speaking people. In their old literature there were saint-poets like Sarladas, Upendra Bhanj, Bhim Bhoi. In the Modern period Fakirmohan Senapati, Radhakant and Madhusudan were famous writers.

Oriya is also like Assamese and Bengali–a Sanskrit based Indo-Aryan language ; though the Dravidian influence is on its script. In this language too the first letter is pronounced in the round manner, like Bengali, but it is not so much. 'A' is pronounced like 'Aa'.

In Oriya there is one extra consonent 'L', like Marathi and Dravidian languages. 'Ya' is pronounced, like 'Ja.' If 'R' and 'Y' are combined, they are pronounced as 'Rja.'

Wherever there is 'Sh' or 'Sh', it is pronounced as 'S'. 'Shahai' would be pronounced 'Sahar' : there is no difference in 'V' and 'B', like Bengali, 'Ksha' is called 'Khay', 'Ri' is pronounced 'Ru'.

Very few books are translated from Oriya into Hindi. There is one Oriya-Hindi teacher : one dictionary is also there. But except a novel or two and a book of poems or two, there is very little material in Hindi about Oriya.

●●●

हिन्दी-अंग्रेजी उच्चारण	उड़िया उच्चारण
1. यहाँ होटल किधर है?	एठि होटेल् केउँठि?
Where is the hotel?	Ethi hotel keunthi?
2. क्या इस होटल में जगह खाली है?	ए होटेलत रहिबाकु जागा मिलबेग कि?
Is there any accommodation in the hotel?	E hotelat rahibaku jaga millbog ki?
3. जी हाँ।	हं।
Yes, sir.	Han.
4. जी, नही।	नाहिं।
No, sir.	Nahin.
5. अन्दर आइये।	भितर कु आस।
Come in.	Bhitar ku as.
6. ओह! आइये, बैठिये।	ओहो, आसंतु, बसंतु।
Hallo, come in, be seated.	Oho, asanta basantu.
7. आपको क्या चाहिए?	आपण कण चाहंति।
What do you want?	Apan kan chahanti?
8. आपका नाम क्या है?	आपण नाँ कण?
What is your name?	Apanank nan ken?
9. नमस्ते, आप कैसे हैं?	नमस्कार ! आपण किसरि अछंति?
Namaste, How do you do?	Namaskar ! apan Kisari achanti?
10. मैं अच्छा हूँ।	भल अछि।
I am fine.	Bhala achhi.
11. मेरा नाम ... है।	मोर ना ... आछि।
My name is..	Mor na..achhi.
12. आप क्या काम करते हैं?	आपण कण करंति?
What is your business?	Apan kan karanti?
13. आप कहाँ के रहने वाले हैं?	आपण केउंठि रहंति?
Where do you reside?	Apan keunthi rahanti?
14. शहर का नाम क्या है?	एं शहरर ना कण?
What is the name of the town?	En Shaharar na kan?
15. नगर का नाम ... है	शहरर नां ...
The name of the town is...	Shaharar nan...
16. आप यहाँ कब आये?	आपण केबे एठिकि आसिले?

हिन्दी-अंग्रेजी	उड़िया
When did you come here?	Apan kebe ethiki asile?
17. आपकी उम्र क्या है?	आपणंक बयस केते?
How old are you?	Apananak bayas kete?
18. आपका घर कहाँ है?	आपणंक घर केउंठि आछि?
Where is your house?	Aphanank ghar keunthi achhi?
19. यह फार्म लीजिये और भर कर दीजिए?	सेइ फॉर्म नेइ पुरण करि दिअन्तु?
Take this form and fill it.	Sei from nei puran kari diantu?
20. आप एक दिन का क्या लेते हैं?	आपणंकार दिनकु चार्ज केते?
What is the daily charge?	Apanankar dinku charge kete?
21. इस कमरे का किराया क्या है?	एइ घर भाड़ा केते?
What is the rent of this room?	Ei ghar bhada kete?
22. आप कैसा भोजन देते हैं?	आपण कण खाइबा दिअन्ति?
What Kind of food do you serve?	Apan kan khaiba dianti?
23. शाकाहारी या मांसाहारी?	निरामिष ना आमिष?
Vegetarian or non-vegetarain?	Niramish na amish?
24. दोनों।	उभय।
Both.	Ubhay.
25. सामने के कमरे में जाइये।	सेइ सामना घरकु जाअन्तु।
Go to the front room.	Sie samna gharku jaantu.
26. जो चाहे मांग लो।	जा दरकार, माग।
Ask for whatever you want.	Ja darkar, mag.
27. क्या आप मुझे थोड़ा पानी देंगे?	मुँदे पिबा पाणि देबे की?
Will you get me some water?	Munde piba pani debe ki?
28. आप वहाँ आइये।	तुमिं सेठिकि आस।
You come there.	Tumi sethiki as.
29. खाना लाओ।	खोबार लै आहा।
Bring the food.	Khobar lai aha.
30. कपड़े धोओ।	लुग्गा धुअ।
Wash the clothes.	Lugga dhua.
31. यह चिट्ठी लेटर-बक्स में डालो।	एइ चिट्टा लेटर बाक्स रे पका।

हिन्दी-अंग्रेजी	उड़िया
Post these letters.	Ei chithia letter box re paka.
32. मैं यह भाषा जानता हूँ।	मुँ ए भाषा जाणें।
I know this language.	Mun a bhasha jane.
33. मैं यह भाषा नहीं जानता हूँ।	मुँ ए भाषा जाणे नाहि।
I do not know this language.	Mun e bhasha jane nahin.
34. यह चेक भुनाना है।	एक चेकटा भाँगिबाकु हेब।
This cheque is to be cashed.	Ei chekta bhangbaku heb.
35. मुझे ट्रंक काल करना है।	मुँ ट्रंक्कल करिबाकु चाहि।
I want to book a trunk call.	Mun trankkal karibaku chahi.
36. चाय पिओ।	चा पिआँ।
Have some tea.	Cha pian.
37. आइये, हम चाय पियें।	आ, टिकिए चा खाइबा।
Come, let's have tea	Aa, tikie cha khaiba.
38. क्षमा करें, मैंने अभी चाय पी है।	क्षमा करन्तु मुँ बर्तमान चा पिइछि।
Excuse me, I have just had my tea.	Kshama karantu mun bartman cha had piichhi.
39. क्या आप सिगरेट पियेंगे?	सिगरेट खाइबे?
Would you like to smoke?	Sigret khaibe?
40. नहीं, मैं सिगरेट नहीं पीता।	ना, मुँ सिगरेट खाए नाहिं।
Sorry, I don't smoke.	Na, Mun sigret khae nahin.
41. यहाँ पेशाबघर कहाँ है?	पेशाबघर केउँठि आछे?
Where is the public toilet?	Peshabghar keunthi achhe?
42. जल्दी करो।	चंचल कर।
Make haste.	chanchal kar.
43. गाड़ी किस प्लेटफार्म पर आयेगी?	गाड़ी केउँ प्लैटफार्मरे लागिब?
What platform will the train be coming on?	Gadi keun platformre lagib?
44. यहाँ गाड़ी कितनी देर ठहरती है?	एइठि गाडी केते समय रहे?
How long will the train stop here?	Eithi gadi kete samay rahe?
45. गठरी उठाओ।	गंठिलि उठाअ।
Pick up the bundle.	Ganthili uthao.
46. ऐ कुली, सामान उठाओ।	ए कुलि, जिनिष उठा।

हिन्दी-अंग्रेजी	उड़िया
Porter, take the luggage.	E kuli, Jinish utha.
47. नम्बर क्या है?	नंबर केते?
What is your number?	Numbar kete?
48. वेटिंगरूम (प्रतीक्षालय) कहाँ है?	वेटिंग रूप केउंठि आछे?
Where is the waiting room?	Waiting room keunthi achhe?
49. थोड़ी देर बैठिये।	टिके बसंतु।
Be seated for a while.	Tike basantu.
50. थोड़ी देर ठहरो।	टिकिए रह।
Wait a bit.	Tikie rah.
51. मैं आपकी राह देखूँगा।	मुँ अपेक्षा करिबि।
I shall wait for you.	Mun apeksha karibi.
52. मेरी राह मत देखना।	मुँ पाई अपेक्षा करिबि नाहिं।
Please don't wait for me.	Mun pain apeksha karibi nahin.
53. आप कहाँ जा रहे हैं?	आपण केउँठिकि जिबे?
Where are you going?	Apan keunthiki jibe?
54. रास्ता बताओ।	बाट देखाइ दिअ।
Show the way.	Bat dekhai dia.
55. क्या कोई सवारी जल्दी मिल सकेगी?	निकट रे काणसि गाड़ि मिलिब की?
Is there any conveyance readily available?	Nikat re kaunsi gadi milib ki?
56. यह बस कहाँ जाती है?	एइ बसटा केउंठिकि जाउछि?
Where does this bus go?	Ei bashta keunthiki jauchhi?
57. आपके कितने पैसे हुए?	आपणकर केते टंका हेब?
What is your bill?	Apanankar kete tanka heb?
58. इस चीज के दाम क्या हैं?	ए जिनिषर दाम केते?
What is the price of this thing?	E jinishar dam kete?
59. यहाँ से बाजार कितनी दूर है।	एठारु बजार केते बाट?
How far is the market?	Etharu bajar kete bat?
60 बहुत दूर।	बहुत दूर।
It is quite distant.	Bahut dur.
61. मुझे टैक्सी कहाँ मिलेगी?	टक्सि केउँठि मिलिब?

हिन्दी-अंग्रेजी	उड़िया
Where can I get a taxi?	Taxi Keunthi milib?
62. अगले मोड़ पर।	आग छक पाखरे।
At the next crossing.	Ag chhak pakhre.
63. क्या लोगे?	केते नेब?
How much will you take?	Kete neb?
64. मेरे पास रेजगारी नहीं है।	मो पाखरे रेजा नाहीं।
Sorry, I don't have any change.	Mo pakhre reja nahi.
65. नहीं, इतने में पूरा नहीं पड़ता।	नाइ, हइ पारिब नाईं?
Sorry, I can't afford it.	Nai hai parib nai?
66. क्या माल अच्छा है न?	भल, जिनिष तो?
Is the stuff alright?	Bhal Jinish to?
67. रंग पक्का है न?	पक्का रंग न?
Is the colour fast?	Paka rang na?
68. हाँ, हाँ, जरूर।	हाँ, निश्चय।
Certainly.	Han, Nischaya.
69. एक गज का क्या दाम है?	गज केते?
How Much per yard?	Gaj kete?
70. देखिये, बाहर कौन आया है?	देख, बाहारे किए अछि?
Go look, some one is at the door?	Dekh, bahare kiye achhi?
71. क्या काम है?	कि काम अछि?
What is the work?	Ki kam achhi?
72. क्षमा कीजिये, मैंने आपके काम में खलल डाला।	क्षमा करिबे, मुँ आपणंकर कामरे बाधा देलि।
Excuse me, I have disturbed you.	Kshama karibe, mun apnankar kamre badha deli.
73. आपको उनसे कोई काम है?	कण किछि काम थिला की?
Have you any business with him?	Kan Kichhi kam thila ki?

हिन्दी-अंग्रेजी	उड़िया
74. खुद उनसे मिलना चाहता हूँ।	टिकिए देखा करिबा दरकार थिला।
I want to see him personlly.	Tikiya dekha kariba darkar thila.
75. कहिये, कैसे क्या चल रहा है?	हँ, केमिति अछाँति?
How is everything?	Han, kemiti achhanti?
76. उसने मुझे यह समाचार सुनाया।	से मोते एइ खबर दिल।
He gave me the news.	Se mote ei khabar dil.
77. आपका स्वर बहुत मीठा है।	आपणंक कंठ बड मधुर ओटे।
Your voice is very sweet.	Apanank kanth bad madhur ote.
78. एक गाना गाइये न!	गोटिए गीत बोलंतु ना!
Please sing a song!	Gotye git bolantu na!
79. मैं गाना नहीं जानता।	मुँ गाइबा जाणे नाहीं।
I can't sing.	Mun gaiba jane nahin.
80. एक बार कोशिश तो कीजिये।	थरे चेष्टा करंतु।
There is no harm in trying once.	Thare cheshta karantu.
81. आपके पास कोई आया था।	आपणंक पाखकु किएजणे आसिथिले।
Someone had come to see you.	Apanank pakhaku kiyejane asithile.
82. वह मेरा पड़ोसी है।	से मोर पड़ोसी अछि।
He is my neighbour.	Se mor padosi achhi.
83. कितने दिन की छुट्टी लेनी पड़ेगी?	केते दिन छुटि नेबाकु हेब?
For how many days shall I remain on leave?	Kete din chhuti nebaku heb?
84. मैं पिछले कई दिन बीमार था।	गत केते दिन हेला मुँ पीडित आछि।
I was ill for last few days.	Gat kete din hela mun pidit achhi.
85. मैं आज से एक महीने की छुट्टी पर हूँ।	आजिठारु मुँ मासे छुटि नेइछि।
I am on leave for a month from today.	Ajitharu mun mase chhuti neichhi.
86. मेरे लिए कुछ अच्छी पुस्तकें भेजो।	मो पाइं केते भल बहि पठांतु।
Send some good books for me.	Mo pain kete bhal bahi pathantu.

हिन्दी-अंग्रेजी	उड़िया
87. मैं आपको अपना फोटो भेजूँगा।	मुँ आपणंक पाखकु मो फोटा पठाइबि।
I will send you my photograph.	Mun apanank pakhku mo photo pathaibi.
88. बाद में थोड़ा आराम कीजिये।	परे टिके विश्राम निअन्तु।
Take a little rest after that.	Pare tike bishram niantu.
89. गुस्सा न कीजिये।	राग नाहिं।
Don't be angry.	Rag nahi.
90. डरो मत।	भय कर नाहिं।
Don't be afraid.	Bhay kar nahi.

●

4
तेलुगु

तेलुगु भाषी लोग आंध्रप्रदेश और बाहर मिलाकर करीब चार करोड़ सैंतालीस लाख हैं। हिन्दी के बाद संख्या में इसी भाषा के बोलने वाले भारत में सर्वाधिक हैं। (4,47,07,694)

तेलुगु द्रविड़ परिवार की भाषा है और इसमें तीस प्रतिशत से अधिक संस्कृत शब्द, मूल रूप में या बदले हुए रूप में पाये जाते हैं। इस भाषा का प्राचीन साहित्य समृद्ध है। तेलुगु में वेमना, पोतन्ना, त्यागराज जैसे सन्त कवि हुए। आधुनिक काल में वीरेशलिंगम् पन्तुलु और गुरजाड अप्पाराव प्रसिद्ध लेखक हुए।

तेलुगु में उत्तर की भाषाओं से अधिक दो स्वर होते हैं और ये अन्य द्रविड़ भाषाओं में भी होते हैं। 'ए' और ह्रस्व 'ए', 'ओ' और ह्रस्व 'ओ' यह दो रूप हैं। यदि किसी शब्द का पहला अक्षर 'ए' ह्रस्व है तो वह अकसर 'ये' हो जाता है। तेलुगु में जहाँ शुरू में उ, इ, ओ, औ हो तो वहाँ वे वु, वू, वो, वौ हो जाते हैं। 'ओकटि' लिखा जाता है, जिसका अर्थ है 'एक' बोला जायेगा 'वोकटि'।

शब्दान्त में व्यंजन स्वर मुक्त नहीं होते। अकसर हलन्त और ह्रस्व होते हैं। 'च' और 'ज' का उच्चारण फारसी की तरह अकसर 'च' और 'ज' होता है। सिर्फ इ, ई, ऍ, ऐ पहले या बाद में आये तो शुद्ध 'च' या 'ज' बोला जाता है।

तेलुगु से हिन्दी शिक्षक दक्षिण भारत हिन्दी प्रचार सभा ने प्रकाशित किया है। कोश भी उपलब्ध हैं। कुछ पुस्तकों का अनुवाद भी मिलता है पर काफी नहीं।

TELUGU

44 million people speak Telugu in Andhra Pradesh and outside. Next to Hindi, this language has the highest number of speakers in India.

Telugu is a language of Dravidian stock. It has more than 30% words from Sanskrit in their changed or unchanged form. The ancient literature of this language is rich. There were saint-poets in Telugu like Vemana, Potanna, Tyagaraja. In modern period. Veereshalingam Pantulu and Gurzad Apparao were great writers.

Telugu, like other dravidian languages has two more vowels. 'Ae' and 'O' have both a shortened form. If any word has its first 'Ae' as short, it turns into 'Ye'. Wherever there are 'U', 'I', 'O', 'Ou' in the beginning they are turned to into 'We' 'Wu' 'Woo', 'Wo', Wow', Okati' is written, which means 'one', but it is spoken as 'Wokati'.

In the word-endings consonents are not with vowels. They are generally half-pronounced or shortened. 'Cha' and 'ja' are pronounced lilke persian as 'Tza' or 'Z'. Only when they are followed or preceded by 'i' 'ee', 'ai', 'ae' that 'cha and 'Ja' are pronounced in their pure form.

Dakshin Bharat Hindi Prachar Sabha has published a Telugu-Hindi teacher. Dictionaries are also available. A few books are translated. But they are not enough.

●●●

हिन्दी-अंग्रेजी उच्चारण	तेलुगु उच्चारण
1. यहाँ होटल किधर है?	होटलु एक्कडंडि?
Where is the hotel?	Hotalu ekkadandi?
2. क्या इस होटल में जगह खाली है?	ई होटलुलो उंडटकु स्थलमु दोरकुतुम्दा?
Is there any accommodation in the hotel?	E hotalulo Undutaku sthalmu dorukutumda?
3. जी हाँ।	दोरुकुतुन्दि।
Yes, sir.	Dorukutundi.
4. जी, नहीं।	लेदु।
No, sir.	Ledu.
5. अन्दर आइये/आओ।	लोपलिकि रंडि।
Come in.	Lopaliki randi.
6. ओह! आइये, बैठिये।	ओहो, रंडि कूर्चंडंडि।
Hallo, come in, be seated.	Oho, randi kurchundandni.
7. आपको क्या चाहिए?	मी कें कावालि?
What do you want?	Mi Ken Kavali?
8. आपका नाम क्या है?	मी पेरु येमिटि?
What is your name?	Mi peru yemiti?
9. नमस्ते, आप कैसे हैं?	नमस्ते ! बाग उन्नारा?
Namaste, How do you do?	Namaste ! Baga unnara?
10. मैं अच्छा हूँ।	आं ! अंताक्षेममुगा उन्नानु।
I am fine.	An antakshemamuga unnanu.
11. मेरा नाम ... है।	ना पेरु।
My name is...	Na peru...
12. आप क्या काम करते हैं?	मिरू एँ चेस्तुन्नरु?
What is your business?	Miru en chestunnaru?
13. आप कहाँ के रहने वाले हैं?	मीरू एक्कड उँटुन्नारु?
Where do you reside?	Miru ekkad untunnaru
14. शहर का नाम क्या है?	ऊरू पेरू एमंडि?
What is the name of the town?	Uru peru emendi?
15. नगर का नाम ... है	ई उरू पेरुं ...
The name of the town is...	Ee uru peru...
16. आप यहाँ कब आये?	मीर एप्पुडु वच्चीनारु?

हिन्दी-अंग्रेजी	तेलुगु
When did you come here?	Miru eppudu vachchinaru?
17. आपकी उम्र क्या है?	मी वयसु एंत?
How old are you?	Mi vayasu ent ?
18. आपका घर कहाँ है?	मी इल्लु एक्कड उन्नदि?
Where is your house?	Mi ellu ekkada unnadi?
19. यह फार्म लीजिये और भर कर दीजिए।	ई फार्म तीसुकोनि निम्पि इव्वंडि।
Take this form and fill it.	E form tisukoni nimpi ivvandi.
20. आप एक दिन का क्या लेते हैं?	रोजुकेंत इव्वालन्डी?
What is the daily charge?	Roz kenta ivvalandi?
21. इस कमरे का किराया क्या है?	यी गदिकि/कोंट्टडिकि वाडिग एंत?
What is the rent of this room?	Yi gadiki /kottadiki badiga enta?
22. आप कैसा भोजन देते हैं?	ए भोजनं पेडतारु?
What Kind of food do you serve?	E bhojanam pedtaru?
23. शाकाहारी या मांसाहारी?	शाकाहारमा मांसाहारमा?
Vegetarian or non-vegetarain?	Shakaharma mansaharma?
24. दोनों।	रेंडुन्नु।
Both.	Rendunnu.
25. सामने के कमरे में जाइये।	आ एदिटि गदिलो कि वेल्लांडि।
Go to the front room.	A editi gadilo ki vcllandi.
26. जो चाहे माँग लीजिये।	कावाल सिंदि अडुगंडि।
Ask for whatever you want.	Kavala sindi adugandi.
27. क्या आप मुझे थोड़ा पानी देंगे?	कोंचेमु मंचिनीरु इस्तारा?
Will you get me some water?	Konchemu Manchniru istara?
28. आप वहाँ आइये।	मीरु अक्कडिकि रण्डि।
You come there.	Miru akkadiki randi.
29. खाना लाओ/लाइए।	अन्नं तीसकोनिरा रंडि।
Bring the food.	Annam tisukonira /randi.
30. कपड़े धोओ/धोइए।	गुड्डलु उतुकु/उतुकण्डि।
Wash the clothes.	Guddalu utuku /utukandi.
31. यह चिट्ठी लेटर-बक्स में डालो	ई उत्तरमु पोटुलो वसय/वयँडि।

हिन्दी–अंग्रेजी	तेलुगु
Post these letters.	E uttaram postulo wasey /veyandi.
32. मैं यह भाषा जानता हूँ।	नाकु ई भाष तेलुसुनु।
I know this language.	Naku ee bhasha telusunu.
33. मैं यह भाषा नहीं जानता हूँ।	नाकु ई भाष तेलियदु।
I do not know this language.	Naku ee bhasha teliyadu.
34. यह चेक भुनाना है।	ई चेक्कुनु विडिपिम्नु कोवालि।
This cheque is to be cashed.	Ee chekkunu vidipimchu kovali.
35. मुझे ट्रंक काल करना है।	नाकु ट्रंक कालु चयवलनु।
I want to book a trunk call.	Naku trank kalu cheyavalanu.
36. चाय पिओ/पीजिए।	टी पुच्चको/पुच्चुकोंनण्डि।
Have some tea.	Ti puichhuko /puchchukonandi.
37. आइये, हम चाय पियें।	रण्डि, टी पुच्चु कोंटाम्।
Come, let's have tea.	Randi, it puchchu kontam.
38. क्षमा करें, मैंने अभी चाय पी है।	क्षमिच्वण्डि, इप्पुडे पंच्चुकोन्ना।
Excuse me, I have just had my tea.	Kshamichandi, ippude Punchukonna.
39. क्या आप सिगरेट पियेंगे?	सिगरेट कालुस्तारा?
Would you like to smoke?	Sigaretu kalustara?
40. नहीं, मैं सिगरेट नहीं पीता।	क्षमिचण्डि, नाकु अलवाटुम लेदु।
Sorry, I don't smoke.	Kshamichandi naku alavattum ledu.
41. यहाँ पेशाबघर कहाँ है?	मरुवुदोड्डि एक्कड उन्नदि?
Where is the public toilet?	Maruvudoddi ekked unnadi?
42. जल्दी करो।	त्वर पडु/पडंडि।
Make haste.	Tvar padu /padandi.
43. गाड़ी किस प्लेटफार्म पर आयेगी?	बण्डि ए प्लेटफार्म मीदिकि वस्तुन्दि?
What platform will the train be coming on?	Bandi ye platform midiki vastundi?
44. यहाँ गाड़ी कितनी देर ठहरती है?	इक्कड बन्डि एन्त सेपु आगुतुन्दि?
How long will the train stop here?	Ikkada bandi ent sepu agutundi?
45. गठरी उठाओ/उठाइए।	मूट एत्तु/एत्तंडि।
Pick up the bundle.	Muta ettu /ettandi.
46. ऐ कुली, सामान उठाओ।	ए कुली, सामान्लु तीसुको।

हिन्दी–अंग्रेजी	तेलुगु
Porter, take the laggage.	E kuli, samanlu tisuko.
47. नम्बर क्या है?	नम्बर एमिटि?
What is your number?	Nambar emiti?
48. वेटिंगरूम (प्रतीक्षालय) कहाँ है?	वेटिंगरूम एक्कड उन्नदि?
Where is the waiting room?	Waiting room ekkad unnadi?
49. थोड़ी देर बैठो/बैठिए।	कोंत सेपु कूर्चूंडु/कूर्चूंडडि।
Be seated for a while.	Konta sepu Kurchudu.
50. थोड़ी देर ठहरो/ठहरिए।	कोंत सेपु उंडु/उंडंडि।
Wait a bit.	Kont sepu undu /undandi.
51. मैं आपकी राह देखूँगा।	नेनु नी/मी कोरकु काचुकोनि वुन्टानु।
I shall wait for you.	Nenu nee /mee korku. Kachukoni vuntanu.
52. मेरी राह मत देखना।	दयचेसि ना कौरकु काचु कोवड्डु।
Please don't wait for me.	Dayachesi na korku kachu konavuddu.
53. आप कहाँ जा रहे हैं?	मीरु एककडिकि वेल्लुतुन्नास?
Where are you going?	Miru ekkadiki vellu tunnas?
54. रास्ता बताओ।	दारि चूपु/चूपि यंडि।
Show the way.	Dari chupu /Chupi yandi.
55. क्या कोई सवारी जल्दी मिल सकेगी?	एदैन वन्डि दोरुकुतुन्दा?
Is there any conveyance readily available?	Edaina vandi durukutunda?
56. यह बस कहाँ जाती है?	इ बस्सु एक्कडिकि बेल्लुतुन्दि?
Where does this bus go?	Ee bassu ekkadiki Vellutundi?
57. आपके कितने पैसे हुए?	एन्त डब्बु इव्व मन्टारु?
What is your bill?	Ent dabbu ivva mantaru?
58. इस चीज के दाम क्या हैं?	दानि वल एन्त?
What is the price of this thing?	Dini vela enta?
59. यहाँ से बाजार कितनी दूर है?	इक्कडनुन्चि बजारु एन्त दूरम्?
How far is the market?	Ikkadnunuchi bajaru ent Duram?

हिन्दी-अंग्रेजी	तेलुगु
60 बहुत दूर।	चाला दूरमु।
It is quite distant.	Chala duramu.
61. मुझे टैक्सी कहाँ मिलेगी?	टैक्सी एक्कड़ दोरु कुतुन्दि?
Where can I get a taxi?	Taxi ekkada doru kutundi?
62. अगले मोड़ पर।	अडिगो अवतलि मलुपुलोने।
At the next crossing.	Adigo avatali malupulone.
63. क्या लोगे?	दीनिकि एन्त तीस कोंटावु/तीसकोंटारु?
How much will you take?	Diniki enta tis konotavu /tiskontaru?
64. मेरे पास रेजगारी नहीं है।	ना वद्द चिल्लर लेदु।
Sorry, I don't have any change.	Na vadda chillar ledu
65. नहीं इतने में पूरा नहीं पड़ता।	गिट्टदु।
Sorry, I can't afford it.	Gittadu.
66. क्या माल अच्छा है न?	सरुकु मन्चि देना?
Is the stuff alright?	Saruku manchi dena?
67. रंग पक्का है न?	पक्का रंगे गा?
Is the colour fast?	Pakka range ga?
68. हाँ, हाँ जरूर।	अँ, निच्चयंगा
Certainly.	An, nichchayaaga.
69. एक गज का क्या दाम है?	गजमु एन्त?
How Much per yard?	Gajamu enta?
70. देखिये, बाहर कौन आया है।	चडु/ चूडण्डि एव्वरो वच्चिनारू।
Go look, someone is at the door.	Chudu /Chudandi evvaro Vachchinaru.
71. क्या काम है?	एमि पनि?
What is the work?	Emi pani?
72. क्षमा कीजिये, मैंने आपके काम में खलल डाला।	क्षमिंचंडि, मी पनिकि अडुम् वच्चिनानु।
Excuse me, I have disturbed you.	Kshaminchandi mi paniki addum vachchinanu.
73. आपको उनसे कोई काम है?	अतनि तोनि/वांडि तोनि एमैना पनि उन्नदा?
Have you any business with him?	Atani toni /Vandi toni emaina pani unnda?
74. खुद उससे उनसे मिलना चाहता हूँ।	अतनिनि/वाडि निनेनु स्वयंग चूडालनि उन्नानु।

हिन्दी-अंग्रेजी	तेलुगु
I want to see him personally.	Atanini /Vadi ninenu swayamga chudalani unnanu
75. कहिये कैसे क्या चल रहा है?	चेप्पन्डि एला नडस्तुन्दि?
How is everything?	Cheppandi ela nadastundi?
76. उसने मुझे यह समाचार सुनाया।	वारू नाकु समाचार तेलिचेसिनारू।
He gave me the news.	Varu naku samacharam Telichesinaru.
77. आपका स्वर बहुत मीठा है।	मी कण्ठभ चाला मधुरंगा उन्नदि।
Your voice is very sweet.	Mi kantham chala madhuranga unnadi.
78. एक गाना गाइये न/गाओ।	ओक पाट पाडतार/पाडतावा।
Please sing a song.	Oka pata padara /padtava.
79. मैं गाना नहीं जानता।	नाक्कु पाडटं रादु।
I can't sing.	Nakku padatam radu.
80. एक बार कोशिश तो कीजिये।	ओक पर्यायम् प्रयलिंचंडि।
There is no harm in trying once.	Oka paryayam prayalinchandi.
81. आपके पास कोई आया था।	मिन्नु/मिम्मुनि चूचुटकु यवरो वच्चिवारू।
Someone had come to see you.	Minnu /Mimmuni chuchutaku evaro vachchivaru.
82. वह मेरा पड़ोसी है।	आयन मा पक्कइन्टिवाडु।
He is my neighbour.	Aayana ma pakkaintivadu.
83. कितने दिन की छुट्टी लेनी पड़ेगी?	एन्नि रोजुलु सेलवुलोंउंडयजनु?
For how many days shall I remain on leave?	Enni rojulu selvuloundaaljnu?
84. मैं पिछले कई दिन बीमार था।	नेनु कोन्नि रोजुलु नुन्डि जबबुना उन्नानु।
I was ill for last few days.	Nenu konni rojulu nundi zabbuga unnanu.
85. मैं आज से एक महीने की छुट्टी पर हूँ।	नेनु ई रोजुनुन्चि ओक नेल सेलयुमीद उन्नानु।
I am on leave for a month from today.	Nenu ee rozununchi oka nela selavumeed unnanu.
86. मेरे लिए कुछ अच्छी पुस्तकें भेजो।	नाकु कोन्नि मन्चि पुस्तकालु पम्पु/पंपंडि।

हिन्दी–अंग्रेजी	तेलुगु
Send some good books for me.	Naku konni manchi pustakalu pampu / pampandi.
87. मैं आपको अपना फोटो भेजूँगा।	नेनु ना फोटो मीकु पम्पुतानु।
I will send you my photograph.	Nenu na photo miku pamputanu.
88. बाद में थोड़ा आराम कीजिये।	तरुवात कोंत सेपु विश्रांति केचंडि/चेय्।
Take a little rest after that.	Taruvata konta sepu vishranti chechandi /chey.
89. गुस्सा न कीजिये।	दयचेसि कोप पडकु/पड कंडि।
Don't be angry.	Dayachesi kopa padaku /padakandi.
90. डरो मत/डरिये मत।	भय पडकु/भय पेडकंडि।
Don't be afraid.	Bhay padaku /Bhay pedakandi.

5
तमिल

यह सबसे पुरानी दक्षिण भारतीय द्रविड़ भाषा है। इसके बोलने वाले करीब तीन करोड़ हैं (30,562, 706) और वे भारत के बाहर भी बसे हुए हैं, जैसे श्रीलंका में। तमिल के प्राचीन साहित्य में, संगम साहित्य कुरल, शैव ओर वैष्णव संतों की रचनाएँ और शिलप्पधिकारम प्रमुख हैं। आधुनिक काल में उ० स्वामिनाथ ऐयर, सुब्रह्मण्य भारती, पुदुमाई पित्रन प्रसिद्ध लेखक हुए हैं।

तमिल-लिपि में वर्ण कम हैं। 12 स्वर, 18 व्यंजन। केवल पांच व्यंजन वर्ण—ख, च, ट, त होते हैं। 'क' से ही 'ख', 'ग' 'घ' आदि का बोध करना पड़ता है। यह अभ्यास से ही सम्भव है।

शब्द के आरम्भ में अवश्य व्यंजन का मूल रूप बोला जाता है। बाद में उसके महाप्राण और घोष-युक्त उच्चारण हो सकते हैं। लिखेंगे 'पाटु' पढ़ेंगे या बोलेंगे 'पाडु'। इसलिए उच्चारण का आधार सन्दर्भ अधिक रहता है।

तमिल में 'ल' ध्वनि के साथ ही एक 'ल' ध्वनि विशिष्ट है जिसे 'व' के रूप में नागरी में लिखने को राजाजी ने कहा है। 'र' और 'न' दो प्रकार के होते हैं।

तमिल संज्ञाओं के बहुवचन रूप 'कष्ल' या गष्ल लगाने से बनते हैं। आदरार्थी रूपों में भी कभी-कभी इसे प्रयुक्त करते हैं।

तमिल से हिन्दी में शिक्षक पुस्तकें और कोश आदि हैं। परन्तु पुस्तकों के अनुवाद बहुत थोड़े हुए हैं। कंब रामायण हिंदी में उपलब्ध है और भारती की कविताएँ। कल्कि के दो उपन्यास और कुछ कहानियाँ भी मिलती हैं।

●●●

TAMIL

It is the oldest Dravidian language. Its speakers are nearly 30 million. Tamil speaking people are also outside India, as in Ceylon. In the ancient literature of Tamil, Sangam literature, Thirukkural, Shaiva and Vaishnav saint's hymns Shilappadhikaram, Kamban Ramayan are the most important works. In the modern period V. Swaminath Iyer, Subramanya Bharati, Pudumai Pittam are the well-known writers.

There are less number of alphabets in Tamil than in Devanagari. There are only 12 vowels and 18 consonents. The first consonents Ka, Cha, Ta, Ta, Pa are there. 'Ka' stands for 'Kha', 'ga' 'gha', and so on. This is possible by practice.

In the begining of a word the original form of the consonents is spoken. Then its hard or retroflex pronunciations are possible. For example, the written form may be 'Patu', but the spoken is 'Padu'. So Pronunciation is based more on context.

In Tamil there is a special sound ' zh' which is very close to '1'. Rajaji has asked that it should be written in Nagari script as 'sh'. There are 'R's and two 'N' s.

The plural of Tamil nouns are formed by adding 'Kal' or 'gal'. The honorfics are also so achieved.

There are dictionaries and self-teaching books from Tamil to Hindi. But there are very few translations. Kambaramayan is available in Hindi and so also are Bharati's poems. Two novels of Kalki and a few short stories are available.

●●●

हिन्दी-अंग्रेजी उच्चारण	तमिल उच्चारण
1. यहाँ होटल किधर है?	होटल एंगे इरुक्किरदु?
Where is the hotel?	Hotel enge irukkiradu?
2. क्या इस होटल में जगह खाली है?	तन्गुवदक्कु इन्द होटल्लि इडमिरुक्कुमा?
Is there any accommodation in the hotel?	Tanguvadakku inda hotelli idamirukkuma?
3. जी हाँ।	किडैकक्कुम इरुक्किरदु।
Yes, sir.	Kidaikkum /Irukkiradu.
4. जी, नहीं।	इल्लै।
No, sir.	Illai.
5. अन्दर आइये।	उल्ले वा/वारुंगल।
Come in.	Ulle va /varungal
6. ओह! आइये, बैठिये।	वा/वारुन्घल, उटकारुन्घल।
Hallo, come in, be seated.	Va /varunghal, utkarunghal.
7. तुमको/आपको क्या चाहिए?	उनक्कु/उगल्लुक्कु येन्न वेंडम?
What do you want?	Unakku /Ungalukku yenna vendum?
8. तुम्हारा आपका नाम क्या है?	उन्/उंगल् पेयर येन्न?
What is your name?	Un /Ungal peyar yenna?
9. नमस्ते, आप कैसे हैं?	वणक्कम्/सौख्यमा?
Namaste! How do you do?	Vanakkam ! soukhyama?
10. मैं अच्छा हूँ।	सौख्यमाह इरुक्किरेन।
I am fine.	Saukhyamah irukkiren.
11. मेरा नाम ... है	येन् पेयर।
My name is...	Yen peyar...
12. आप क्या काम करते हैं?	नींगल एन्न शेयहिरीईल्?
What is your business?	Neengai enne seyhirieel?
13. आप कहाँ के रहने वाले हैं?	नींगल् एंगे इरुक्किरदु?
Where do you reside?	Neengal enge irukkiradu?
14. शहर का नाम क्या है?	इंदु ऊरुक्कु येन्न पेयर्?
What is the name of the town?	Indu urukku yenn peyar?
15. नगर का नाम ... है	इन्द ऊरिन् पेयर।
The name of the town is...	Ind urin peyar.
16. आप यहाँ कब आये?	नींगल एप्पोदु वन्देल?
	नी एप्पोलुदु इंगे वन्दाय्?

हिन्दी-अंग्रेजी	तमिल
When did you come here?	Ningal eppodu Vandel? Ni eppoludu inge vanday?
17. आपकी उम्र क्या है?	उंगलुक्कु वयदु येन्न?
How old are you?	Ungalukku vayadu yenna?
18. आपका घर कहाँ है?	उंगल वीडु एंगे इरुक्कु?
Where is your house?	Ungal vidu enge irukku?
19. यह फार्म लीजिये और भर कर दीजिए।	इन्द फारम एडुत्तुकोंडु, नेरप्पि कोडंग।
Take this form and fill it.	Ind faram eduttukondu, nerappi kodung.
20. आप एक दिन का क्या लेते हैं?	ओरु नालक्कु एव्वलवु वाडधै?
What is the daily charge?	Oru nalaikku evvalavu vadaghai
21. इस कमरे का किराया क्या है?	इन्द अरैक्कू वाडधै एव्वलवु?
What is the rent of this room?	Ind araikku vadghai evvalavu?
22. आप कैसा भोजन देते हैं?	शाप्पाडु येन्न कोड़प्पीरगल?
What Kind of food do you serve?	Shappadu yenn koduppirghal?
23. शाकाहारी या मांसाहारी?	शैववुणवा, मामिस उणवा?
Vegetarian or non-vegetarain?	Shaivaunnva, mamis unava?
24. दोनों।	इरन्डुम्।
Both.	Irandum.
25. सामने के कमरे में जाइये(जाओ)।	येदिर् उल्लुक्कु पोंगल्/पो।
Go to the front room.	Yedir uallukku pongal /po.
26. जो चाहे माँग लीजिये।	येदु वेंडुमो, केलुंगल/केल्।
Ask for whatever you want.	Yedu vendumo kelungal /Kel.
27. क्या आप मुझे थोड़ा पानी देंगे/दोगे?	कोंचम् तण्णीर कोडुप्पीरघला/कोडुप्पाया?
Will you get me some water.	Koncham tannir koduppirghala / Koduppaya?
28. आप वहाँ आइये।	नींगल अंगे वारुन्धल।
You come there.	Ningal ange varunghal.
29. खाना लाओ/लाइए।	शाप्पाडु कोंडुबा/कोंडुवारुंगल
Bring the food.	Shappadu konduva/konduvarunghal.
30. कपड़े धोओ/धोइए।	तुणि तुवै/तुवैयुंगल।

हिन्दी-अंग्रेजी	तमिल
Wash the clothes.	Tuni Tuvai /tuvaiungal.
31. यह चिट्ठी लेटर-बक्स में डालो/डालिए।	इन्द कडिदंगूले तबाल पोट्टियिल पोडु/पोंडुगल्।
Post these letters.	Ind Kadidaghule tabal. pettiyil podu /pondungal.
32. मैं यह भाषा जानता हूँ।	येनक्कु इन्द भाषे तेरियुम।
I know this language.	Yenakku ind bhashai teriyum
33. मैं यह भाषा नहीं जानता हूँ।	येनक्क इन्द मोलि तेरियादु
I do not know this language.	Yenakk inda moli teriyadu
34. यह चेक भुनाना है।	इन्द चेक्कु माट्रवेंडुम।
This cheque is to be cashed.	Inda chekku matruvendum.
35. मुझे ट्रंक काल करना है।	नान् ट्रंक कॉल सेय्यणुम।
I want to book a trunk call.	Nan trankkal seyyanum.
36. चाय पिओ/पिजिए।	टी शप्पिडु/शप्पिडुंगल्।
Have some tea.	Ti shappidu /shappi dungal.
37. आइये, हम चाय पियें।	वारुन्धल, कोंचम् तेनीर शाप्पिडलाम्।
Come, let's have tea.	Varungal koncham tenir shappidalam.
38. क्षमा करें, मैंने अभी चाय पी है।	मन्निक्क वंडुम, इप्पोदान साप्पिट्टेन।
Excuse me, I have just had my tea.	Mannikka vendum, ippodan sappitten.
39. क्या आंप सिगरेट पियेंगे?	सिगरेट् पिडिक्किराया/पीडिनिक रीहिला?
Would you like to smoke?	Sigret pidikkiraya /pidinikrihala?
40. नहीं, मैं सिगरेट नहीं पीता।	इल्लै, पलक्कमिल्लै।
Sorry, I don't smoke.	Illai, palakkamilai.
41. यहाँ पेशाबघर कहाँ है?	कक्कूस एंगे इरक्किरदु?
Where is the public toilet?	Kakkusu enge irukkiradu?
42. जल्दी करो।	सिग्गिरमाहट्टुम।
Make haste.	Siggirmahattum.
43. गाड़ी किस प्लेटफार्म पर आयेगी।	वन्डि येंद प्लाटफार्मिल् वरूम?
What platform will the train be coming on?	Vandi yend piatformil varum?
44. यहाँ गाड़ी कितनी देर ठहरती है?	इंगे वन्डि एव्वलवु नेरम् निर्कुम्?

हिन्दी-अंग्रेजी	तमिल
How long will the train stop here?	Inge vandi evvalavuneram nirkum?
45. गठरी उठाओ/उठाइए।	मूट्टेये तुक्कु/तुक्कुंगल्।
Pick up the bundle.	Mutteye tukku /tukkungal.
46. ऐ कुली, सामान उठाओ।	ए कुलि सामान् तुक्कु।
Porter, take the luggage.	E kuli, saman tukku.
47. नम्बर क्या है?	नम्बर येन्न?
What is your number?	Numbar yenn?
48. वेटिंगरूम (प्रतीक्षालय) कहाँ है?	वेटिंगरूम एंगे इरुक्कु?
Where is the waiting room?	Waiting room enge irukku?
49. थोड़ी देर बैठिये।	कोंज नेरम्/उटुकारुंगल।
Be seated for a while.	Konja neram /utukarungal.
50. थोड़ी देर ठहरो/ठहरिए।	कोंज नेरम्/ईरु इरूंगल।
Wait a bit.	Konja neram/ iru irungal.
51. मैं आपकी राह देखूँगा।	उंगलुक्काह नान् कात्तुक्कोंडिरुप्पेन।
I shall wait for you.	Ungalukkah nan kattukkoudiruppen.
52. मेरी राह मत देखना।	येनक्काह कात्तिरुक्कादे।
Please don't wait for me.	Yenakkah kattirukkade.
53. आप कहाँ जा रहे हैं?	नींगल एंगे पोहिरिर्हल?
Where are you going?	Ningal enge pohirirhal?
54. रास्ता बताओ/बताइए।	वलि काट्टु/काट्टुंगल्।
Show the way.	Vali katuu /Kattungal.
55. क्या कोई सवारी जल्दी मिल सकेगी?	पोवदरश्रूकु येदावदु वडि किडैक्कुमा?
Is there any conveyance readily available?	Povdaruakku yedavadu vadi kidaikkuma?
56. यह बस कहाँ जाती है?	इन्द बस येंग पोहिरदु?
Where does this bus go?	Ind bas yeng pohiradu ?
57. आपके कितने पैसे हुए?	येव्वलवु पणम् कोड़क्कणुम्?
What is your bill?	Yevvalavu panam kodukkanum?
58. इस चीज के दाम क्या हैं?	इंद सामान येन्न विलै?
What is the price of this thing?	Inda saman yenn vilai ?
59. यहाँ से बाजार कितनी दूर है?	कडैत्तेरू ईगिंरन्दु एव्वलवु दूरम्?

हिन्दी-अंग्रेजी	तमिल
How far is the market?	Kadaitteru ingirundu evvalavu duram?
60 बहुत दूर।	तोलैवाह इरुक्किरदु।
It is quite distant.	Tolai vaha irukkiradu.
61. मुझे टैक्सी कहाँ मिलेगी?	टैक्सी एँगे किडैक्कुम्?
Where can I get a taxi?	Taxi engai kidaikkum?
62. अगले मोड़ पर।	अडुत्त तिरुपत्तिल् इरुक्किरदु।
At the next crossing.	Adutta tirupittil irukkiradu.
63. क्या लोगे/लेंगें?	येन्न केक्खरे/कट्किरीर्हल्?
How much will you take?	Yenn kakkhare /Ketkirirhal?
64. मेरे पास रेजगारी नहीं है।	येन्निडम् चिल्लरै इल्लै।
Sorry, I don't have any change.	Yennidam chillarai illai.
65. नहीं, इतने में पूरा नहीं पड़ता।	इल्लै, कट्टादु।
Sorry, I can't afford it.	Illai, kattadu.
66. क्या माल अच्छा है न?	नल्ल सरक्का?
Is the stuff alright?	Nall sarakka?
67. रंग पक्का है न?	सायम् पोहु मा?
Is the colour fast?	Sayam pohu ma?
68. हाँ, हाँ जरूर।	ओ, अवस्यम्।
Certainly.	O, avasyam.
69. एक गज का क्या दाम है?	गजम् येन्न विलै?
How Much per yard?	Gajam yenna vilai?
70. देखिये, बाहर कौन आया है?	पार्, वासलिल् यारु वांदिरुकिरार?
Go look, someone is at the door?	Par, vaslil yaru vandirukkirar?
71. क्या काम है?	येन्न वेलै?
What is the work?	Yenn Velai?
72. क्षमा कीजिये, मैंने आपके काम में खलल डाला।	मन्नियुंगल्/मन्निक्कवुम् उंगलुक्कु तोंदरवु कोडुत्तु विट्टेन।
Excuse me, I have disturbed you.	Manniyungal /Mannikkavum ungalukku tondarvu koduttu vitten
73. आपको उनसे कोई काम है?	अविरिडम येदावुदु वेलैया?
Have you any business with him?	Avaviuam yedavundu velaiya?

हिन्दी-अंग्रेजी	तमिल
74. खुद उनसे मिलना चाहता हूँ।	नान् अवरै नेरिल पार्क वेंडुम्।
I want to see him personally.	Nan avarai neril park vendum.
75. कहिये कैसे क्या चल रहा है?	सोल्लुंगल येन्न विशेषम्?
How is everything?	Sollunghal yenn vishesham?
76. उसने मुझे यह समाचार सुनाया।	अवन् एन्नकु इंदसमाचारम् शानान्।
He gave me the news.	Avan enakku eendasam- acharam sonnan.
77. तुम्हारा/आपका स्वर बहुत मीठा है।	उन/उंगल् कुरल मिहवुम् इनिमैयाह इरुक्किरदु।
Your voice is very sweet.	Un /ungal kural mihavum inimaiyah irukkiradu
78. एक गाना गाइये न/गाओ।	ओरु पाट्टु, पाडेन पांडुगलेन्।
Please sing a song.	Oru pattu padan /pandugalen.
79. मैं गाना नहीं जानता।	एनक्कु पाडत्तेरियादु।
I can't sing.	Enakku padatteriyadu.
80. एक बार कोशिश तो कीजिये।	ओरुदरम् मुयर्चि शेंय्/युंगल्।
There is no harm in trying once.	Orudarm muyarchi shei /yungal.
81. आपके पास कोई आया था।	उनक्काह यारो वन्दिरुदार्हल्?
Someone had come to see you.	Unakkah yaro vandirudarhal?
82. वह/वे मेरा/मेरे पड़ोसी है।	अवन् अवर/येन् पक्कनु वीट्टुक्कार वीट्टुकारन।
He is my neighbour.	Avan avar yen pakknu vittukar vittukkaran.
83. कितने दिन की छुट्टी लेनी पड़ेगी?	येत्तने नाल् लीवु येडुत्तु कोल्ला वेंडुम्?
For how many days shall I remain on leave?	Yettane nal livu yedutta kolla vendum?
84. मैं पिछले कई दिन से बीमार था।	नान् शिलनाट्गलाघ वुडल् वलमिलामल इरुन्देन
I was ill for last few days.	Nan shilnatghalagh vudal valamillamal nalamirunden.
85. मैं आज से एक महीने की छुट्टी पर हूँ।	इन् रैयिल् इरुन्दु येनक्कु वोरु मादत्तिर्कु विडुमुरै लीवु।

हिन्दी–अंग्रेजी	तमिल
I am on leave for a month from today.	In raiyil irundu yenkku vorumadttirku vidumurai livu.
86. मेरे लिए कुछ अच्छी पुस्तकें भेजो/भेजिए।	एनक्काहे शिल नल्ल पुस्तकंगलै अनुप्पु अयुपुंग।
Send some good books for me.	Enakkahe Shil nall pustahanghalai anuppu ayuppunga.
87. मैं आपको अपना फोटो भेजूँगा।	नान् उंगल्लुकु येन् फोटो अनुप्पुघिरेन्
I will send you my photograph.	Nan ungalluku yen photo anuppughiren.
88. बाद में थोड़ा आराम कीजिये।	पिरहु कोंजम ओयवु येड्त्तु कोल्लुंगल्।
Take a little rest after that.	Pirahu konjam oywu yeduttu kollungal.
89. गुस्सा न कीजिये।	कोबिक्क कूडादु।
Don't be angry.	Kobikka kudadu.
90. डरो मत/डरिये	बयप्पड दीर्हल/बयप्पडादे।
Don't be afraid	Bayappada dirhal /Bayappadade

6

कन्नड़

मैसूर राज्य की कन्नड़ भाषा के बोलने वाले एक करोड़ सत्तर लाख़ (1,74,15,827) लोग हैं। इसमें प्राचीन साहित्य बहुत विपुल और समृद्ध है। बसवेश्वर के वचन और पुरंदरदास के पद प्रसिद्ध हैं। महादेवी सन्त कवयित्री हुई हैं। आधुनिक काल में कैलासम् पंजि मंगेश पै और जीवितों में मास्ती, बेंद्रे, गुण्डप्पा पुट्टप्पा आदि अनेक प्रसिद्ध लेखक हैं।

कन्नड़ भाषा में भी स्वर उ और ओ यदि शब्द के शुरू में हों तो उनके 'वु' और 'वो' हो जाते हैं 'ओंदु', यानि एक, का 'वोंदु' होता है। संयुक्ताक्षरों में पूरा अक्षर पहले लिखकर दूसरा नीचे जोड़ देते हैं।

महाप्राण वर्ण शुद्ध कन्नड़ में कम पाये जाते हैं। परन्तु बोलचाल में वे मूल व्यंजन से मिला दिये जाते हैं। शुरू में जो 'ए' ह्रस्व हो तो उसे अ भी बोलते हैं। उत्तर कर्नाटक में शुरू में 'ओ' को 'ऑ' तरह ही बोलते हैं।

कन्नड़ की कुछ उप-भाषाओं में 'स' को 'श' का भेद नहीं होता। पर अधिकतर शब्द का अंतिम दीर्घ ह्रस्व करने की शैली तेलुगु जैसी ही कन्नड़ में भी है। 'ई' को 'इ' लिखा जाता है।

कन्नड़ से हिन्दी में शिक्षक-पुस्तक और कोश आदि हैं। परन्तु पुस्तकों के अनुवाद बहुत कम हुए हैं। पुरंदरदास और बसवेश्वर के वचन और कुछ उपन्यास-नाटकों को छोड़, बहुत कम अनुवाद हिन्दी में मिलते हैं।

●●●

KANNADA

The Kannada speaking pepole of Mysore state are 17 million. The old literature in Kannada is full of variety and large. The Vachanas of Basaveshwar and *padas* of Purandaradasa are famous. Akka Mahadevi has been a famous saint poetess. In the modern period Kailasam, Panje Mangesh Pai and amongst the living Masti, Bendra, Puttappa Gundappa, have famous writers.

In Kannada if 'U' and 'O' are in the beginning. they are turned into 'wu', and 'wo'. 'Ondu' (one) becomes 'Wondu'. In compound letters the first is written as it is and the second is added to the bottom.

Hard letters are not found in pure Kannada. But in spoken language they are added. The 'Ae' in the beginning is also pronounced as 'A'. In North Karnatak the 'O' is spoken as 'Awe'.

In certain dialects of Kannada, there is no difference between 'S' and 'Sh'. But in most of the words the shortening of last letters is the same as in Telugu and Kannada. 'Ee' is written as 'i'.

There are many self-teachers and dictionaries from Kannada to Hindi. But translations of books are very few. Except the hymns of Purandaradasa and Vachans of Basaveshwar and a few novels or plays, very few translations are in Hindi.

●●●

हिन्दी-अंग्रेजी उच्चारण	कन्नड़ उच्चारण
1. यहाँ होटल किधर है?	होटुलु एल्लिदे?
Where is the hotel?	Hotalu ellide?
2. क्या इस होटल में जगह खाली है?	ई होटलिनल्लि इलिदु कोल्ललु जाग विदेये?
Is there any accommodation in the hotel?	Ee hotalinalli illidu kollalu Jag videye?
3. जी हाँ।	आगिदे।
Yes, sir.	Agide.
4. जी, नहीं।	इल्ल।
No, sir.	illa.
5. अन्दर आइये।	ओलगे बा।
Come in.	Olage ba.
6. ओह ! आइये, बैठिये।	ओहो ! बन्नि कुलितुकोल्लि।
Hallo, come in, be seated.	Oho banni kalitukollil.
7. आपको क्या चाहिए?	निनगे एनु बेकु?
What do you want?	Ninage enu beku?
8. आपका नाम क्या है?	निम्म हँसरेनु?
What is your name?	Niman hansrenu?
9. नमस्ते आप कैसे हैं?	नमस्कार ! चन्नागिद्दीरा?
Namaste, how do you do?	Namaskar ! channagiddira?
10. मैं अच्छा हूँ।	इष्टरमट्टिगे।
I am fine.	Ishtara, mattige.
11. मेरा नाम...है।	नन्न हेसरु...
My name is..	Nann hesaru...
12. आप क्या काम करते हैं?	निम्म उद्योग एनु?
What is your business?	Nimm udyog enu?
13. आप कहाँ के रहने वाले हैं?	तम्म वास एलि?
Where do you reside?	Tamm vas elli?
14. शहर का नाम क्या है?	ऊरिन हेसरेनु?
What is the name of the town?	Urin hesrenu?
15. नगर का नाम...है	ई ऊरिन हेसरु...
The name of the town is...	Ee urin hesaru...
16. आप यहाँ कब आये?	नीवु यावाग बन्दिरि?

हिन्दी–अंग्रेजी	कन्नड़
When did you come here ?	Nivu yavaga bandiri?
17. आपकी उम्र क्या है?	तम्म वयसु एप्टु?
How old are you?	Tamm vayasu eptu?
18. आपका घर कहाँ है?	निम्म मने एल्लिदे?
Where is your house?	Nimm mane ellide?
19. यह फार्म लीजिये और भर कर दीजिए।	आ फॉर्म तेगेदु कोंडु, बरेदु कीडि।
Take this form and fill it.	Aa form tegedu kondu, baredu kodi.
20. आप एक दिन का क्या लेते हैं?	दिवसक्के एष्टु कोडबेकु?
What is the daily charge?	Divasakke eshtu kodbeku?
21. इस कमरे का किराया क्या है?	ई कोठाडिगे बाडिगे एष्ठु?
What is the rent of this room?	E kothadige badige eshtu?
22. आप कैसा भोजन देते हैं?	याव आहार कोडुत्तीरि?
What Kind of food do you serve?	Yav ähar koduttiri?
23. शाकाहारी या मांसाहारी?	शाकाहारवे मांसाहारवे?
Vegetarian or non-vegetarian?	Shakaharve mansaharve?
24. दोनों।	एरडू।
Both.	Eradu.
25. सामने के कमरे में जाइये।	ईदिरिन कोणेगे होगि।
Go to the front room.	Eedirin konege hogi.
26. जो चाहे माँग लीजिये।	बेकाद्दनु केलि बडिसिकोल्लि।
Ask for whatever you want.	Bekaddanu keli badisikolli.
27. क्या आप मुझे थोड़ा पानी देंगे?	स्वल्प नीरु तन्दु कोडुत्तीरा?
Will you get me some water?	Svalpa niru tandu koduttira?
28. आप वहाँ आइये।	नीवु आल्लिगे बन्नि।
You come there.	Nivu alliga banni.
29. खाना लाओ।	वूट तेगेदु कोंडुवा।
Bring the food.	Vut tegedu konduva.
30. कपड़े धोओ।	बट्टे ओगे।
Wash the clothes.	Batte oge.
31. चिट्ठी लेटर-बक्स में डालो।	ई कागद पेट्टिगे यल्लि हाकु।
Post these letters.	Ee kagad pettige yaili haku.

हिन्दी-अंग्रेजी	कन्नड़
32. मैं यह भाषा जानता हूँ।	ई भाषे ननगे तिलियुत्तेने।
I know this language.	Ee bhashe nanage tiliyutene.
33. मैं यह भाषा नहीं जानता हूँ।	ई भाषे ननगे तिलियुवुदिल्ल।
I do not know this language.	Ee bhashe nanage tiliyuvudill.
34. यह चेक भुनाना है।	ई चेक्किगेहण तेगेदु कोल्लवेकु।
This cheque is to be cashed.	Ee chekkigehan tegedu kollavekku.
35. मुझे ट्रंक काल करना है।	ननगे ट्रंककॉल माडबेकु।
I want to book a trunk call.	Nanage trunkkal madbeku.
36. चाय पिओ।	टी कुडि।
Have some tea	Ti kudi.
37. आइये, हम चाय पियें	बन्नि, चा कुडियोण।
Come, let's have tea.	Banni, cha kudiyon.
38. क्षमा करें, मैंने अभी चाय पी है।	क्षमिसि, ईग टी आयितु अष्टे।
Excuse me, I have just had my tea.	Kshamisi, ig ti ayitu ashte.
39. क्या आप सिगरेट पियेंगे?	सिगरेट्टु सेदुत्तीरा?
Would you like to smoke?	Sigaretu seduttira?
40. नहीं, मैं सिगरेट नहीं पीता।	इल्ल, नानु सेदुवुदिल्ल।
Sorry, I don't smoke.	Ill, nanu seduvudill.
41. यहाँ पेशाबघर कहाँ है?	मूत्रि एल्लिरे?
Where is the public toilet?	Mutri ellire?
42. जल्दी करो।	अवसर माडु।
Make haste.	Avasar madu.
43. गाड़ी किस प्लेटफार्म पर आयेगी?	बन्डि याव प्लाट्फॉर्मेनल्लि बरूत्तुदे?
What platform will the train be coming on?	Bandi yav platformenalli baruttude?
44. यहाँ गाड़ी कितनी देर ठहरती है?	बन्डि इल्लि एष्टु समय निल्कुतदे?
How long will the train stop here?	Bandi illi eshtu samay nilkutde
45. गठरी उठाओ।	मूटै येन्नु येत्तु।
Pick up the bundle.	Muttai yennu yettu.

हिन्दी–अंग्रेजी	कन्नड़
46. ऐ कुली, सामान उठाओ।	कुली, सामानु तेगेदुको।
Porter, take the luggage.	Kuli samanu tegeduko.
47. नम्बर क्या है?	निन्न नम्बर यावुदु?
What is your number?	Ninn nambar yavudu?
48. वेटिंगरूम (प्रतीक्षालय) कहाँ है?	वेटिंगरूम एल्लि?
Where is the waiting room?	Waiting room elli?
49. थोड़ी देर बैठिये।	स्वल्प कूतुकोल्लि।
Be seated for a while.	Swalp kutukolli.
50. थोड़ी देर ठहरो।	स्वल्प कायु।
Wait a bit.	Swalpa kayu.
51. मैं आपकी राह देखूँगा।	नानु कादिरुत्तेने।
I shall wait for you.	Nanu kadiruttene.
52. मेरी राह मत देखना।	ननगागि काय बेड़ि।
Please don't wait for me.	Nanagagi kay bedi.
53. आप कहाँ जा रहे हैं?	निमगे एल्लि होगबेकु?
Where are you going?	Nimage elli hogabeku?
54. रास्ता बताओ।	दारि तोरिसु।
Show the way.	Dari torisu.
55. क्या कोई सवारी जल्दी मिल सकेगी?	बेग यावुदादरू गाडि सिगुत्त दे?
Is there any conveyance readily available?	Beg yavudadaru gadi sigutta deye?
56. यह बस कहाँ जाती है?	ई बस्सु एल्लिगे ओगुत्तदे?
Where does this bus go?	E bassu ellige oguttade?
57. आपके कितने पैसे हुए?	निम्म बिल्लु एष्टु?
What is your bill?	Nimm billu eshtu?
58. इस चीज के दाम क्या हैं?	इदर बेले एष्टु?
What is the price of this thing?	Idar bele eshtu?
59. यहाँ से बाजार कितनी दूर है,	पेटे इल्लिन्द एष्टु दूर?
How far is the market?	Pete illiand eshtu dur?
६० बहुत दूर।	बहल दूर।

हिन्दी-अंग्रेजी	कन्नड़
It is quite distant.	Rahal dur.
61. मुझे टैक्सी कहाँ मिलेगी?	टैक्सी एल्लि सिकुत्तदे?
Where can I get a taxi?	Taxi elli sikuttade?
62. अगले मोड़ पर।	मुन्दिन तिरुविनल्लि।
At the next crossing.	Mundin tiruvinalli
63. क्या लोगे?	एष्टु कोडवेकु?
How much will you take?	Eshtu kodaveku?
64. मेरे पास रेजगारी नहीं है।	नन्निल्लि चिल्लरे इल्ल।
Sorry, I don't have any change.	Nannilli chillare ill.
65. नहीं, इतने में पूरा नहीं पड़ता।	साध्य इल्ल।
Sorry, I can't afford it.	Sadhya ill.
66. क्या माल अच्छा है न?	मालु ओल्लेदु इदेंयो?
Is the stuff alright?	Malu olledu idenyo?
67. रंग पक्का है न?	वण्ण होगुवु दिल्लवो?
Is the colour fast?	Bann hoguvu dillavo?
68. हाँ, हाँ जरूर।	हो, अवश्य।
Certainly.	Ho, avashya.
69. एक गज का क्या दाम है?	गजद बेले एनु?
How Much per yard?	Gajad bele enu?
70. देखिये, बाहर कौन आया है?	नोडु, होरगे यारु बन्दिद्दारे?
Go look, someone is at the door?	Nodu, horage yaru bandiddare?
71. क्या काम है?	एनु केलस?
What is the work?	Enu kelas?
72. क्षमा कीजिये, मैंने आपके काम में खलल डाला।	क्षमिसि, निमगे नानु तोंदरे कोट्टे।
Excuse me, I have disturbed you.	Kshamisi, nimage nanu toudare kotte.
73. आपको उनसे कोई काम है?	ननगे अवगन्नु खुद्दु आगि गोडबेकु।
Have you any business with him?	Nanage avanannu khudduagi godbeku.

हिन्दी–अंग्रेजी	कन्नड़
74. खुद उनसे मिलना चाहता हूँ।	निम्मगे एनादरु केलस उठो।
I want to see him personally.	Nimmage enadaru kelas uto.
75. कहिये कैसे क्या चल रहा है?	हलि हगेद्दिरि?
How is everything?	Hali, hageddiri?
76. उसने मुझे यह समाचार सुनाया।	अवनु ई सुद्दियन्नु ननगे हेकिदनु।
He gave me the news.	Avanu ee suddiyannu nanage hekidanu.
७७. आपका स्वर बहुत मीठा है।	निम्म कण्ठ बहक चन्नादगे।
Your voice is very sweet.	Nimm kanth bahak chanaadage.
78. एक गाना गाइये न।	ओंदु हाडुहेलि।
Please sing a song.	Ondu hadu heli.
79. मैं गाना नहीं जानता।	ननगे हाडलु बरुवुदिल्ल।
I can't sing.	Nanage hadalu baruvudill.
80. एक बार कोशिश तो कीजिये।	ओम्मे प्रयत्न मॉडिनोडि।
There is no harm in trying once.	Omme prayatn madinodi.
81. आपके पास कोई आया था।	यारो निमगागि बन्दिद्दरु।
Someone had come to see you.	Yaro nimgagi bandiddaru.
82. वह मेरा पड़ोसी है।	अवनु नन्न नेरेयव।
He is my neighbour.	Avanu nann nereyav.
83. कितने दिन की छुट्टी लेनी पड़ेगी?	इष्टु दिन नानु रजे तेगेकोदुल्ल वेकादीतु?
For how many days shall I remain on leave?	Eshtu din nanu raje tegekodull vekaditu?
84. मैं पिछले कई दिन से बीमार था।	नानु केलवु दिन्गालिदम् अस्वस्थ नागिद्दे
I was ill for last few days.	Nanu kelavu dingalidam asvasth nagidde.
85. मैं आज से एक महीने की छुट्टी पर हूँ।	इन्दिनिंद नानु ओंदुतिंगलु रजद मेलेइरुत्तेने।
I am on leave for a month from today.	Indinind nanu ondutingalu rajad meleiruttene.

हिन्दी-अंग्रेजी	कन्नड़
86. मेरे लिए कुछ अच्छी पुस्तकें भेजो।	ननगागि केलवु ओल्लिय पुस्तक गलन्नु कलुहिसुं।
Send some good books for me.	Nanagagi kelavu olliy pustakagalannu kaluhisu.
87. मैं आपको अपना फोटो भेजूँगा।	नानु नन्न फोटो निनगे कलुहिंसुत्तेने।
I will send you my photograph.	Nauu nann photo ninage kaluhinsuttene.
88. बाद में थोड़ा आराम कीजिये।	आमेले विश्रांति तेगेदुकोल्लि।
Take a little rest after that.	Amele vishranti tegedukolli.
89. गुस्सा न कीजिये।	कोप माडवेड।
Don't be angry.	Kop madved.
90. डरो मत।	हेदर बेड।
Don't be afraid.	Hedar bed.

7
मलयालम

केरल प्रदेश के मलयालम् बोलने वाले एक करोड़ सत्तर लाख (1,70,15,782) हैं। यह वर्णमाला नागरी से बहुत मिलती-जुलती है। भाषा में संस्कृत की बहुलता है। दक्षिण की चारों भाषाओं में सर्वाधिक संस्कृत मलयालम में ही पाई जाती है। प्राचीन साहित्य में एलुवच्चन और चेरुश्शेरी सन्त कवि हुए। आधुनिक काल में राज राज वर्मा, कुमारन आशान, वल्लत्तोल प्रधान लेखक हैं।

मलयालम में तीन ध्वनियाँ हैं: 'ई', 'ल' और 'ल्ल'। 'न', 'ण' भी स्पष्ट नहीं होते। प्रायः 'ल' 'ल' की तरह बोला जाता है। तमिल की तरह से मलयालम् में भी अल्प या अघोषवर्णों का महाप्राण या सघोष की तरह उच्चारण होता है। विशेषतः वे सघोष बन जाते हैं। जैसे 'त' का 'थ' हो जाता है। 'क' 'ग' और 'ट' का 'ड'। केवल दुहरे होने पर वे शुद्ध बोले जाते हैं।

शब्द के अन्त में 'अ' आये तो वह दीर्घ आ की तरह बोला जाता है। 'अ' का उच्चारण सदा 'अम्' होता है।

क्रियापद में इ के बाद 'क्कुक' आने से वह 'क्क्युग' बन जाता है। 'क', 'ट', 'त', 'ग', पद के मध्य में या अन्त में आने से भिन्न उच्चारण रखते हैं।

मलयालम् से हिन्दी में शिक्षक पुस्तकें हैं। कोश भी हैं। पुस्तकों के सिवा उपन्यासों के और वल्लत्तोल की कविता के अनुवाद बहुत कम हुए हैं।

●●●

MALAYLAM

Malayalm-speaking people in Kerala are 17 millions, its scripts is very much akin to Nagari. The language has many Sanskrit words. In the four Southern languages, Malayalam has the highest Sanskrit words. In old literature Eluttarhan and Cherushsheri were saint-poets. In the modern period Raj Raj Verma, Kumaran Ashan, Vallathol are famous writers.

There are three new sounds in Malayalam : 'ee', 'I', 'Il' N and N are not clear. Generally '1' is pronounced as '1' In Malayalam, like Tamil, many consonants are spoken like explosive and aspirated ones: 'T' becomes 'Th'; 'K' as 'G' and 'T' as 'D'. Only when they are stressed or double-compounds that the consonants are spoken in their pure form.

If there is 'A' at the end of a word it becomes 'Aa'. The nasal is pronounced as 'Am'. If in a verb at the 'end of 'i' there is 'Kkuk, it becomes 'Kkyug'. 'K', 'T', 'T', 'G' have a different pronounciation when they are in the middle or at the end of any word.

There are many self-teachers from Malayalam to Hindi. There are dictionaries also. Except a few novels and poems of Vallathol very few translations are there in Hindi.

●●●

हिन्दी-अंग्रेजी उच्चारण	मलयालम् उच्चारण
1. यहाँ होटल किधर है?	हॉटल् एविटे आकुन्नु?
Where is the hotel?	Hotel evite akunnu?
2. क्या इस होटल में जगह खाली है?	ई हॉटलिल् तामस सौकर्यम् किट्टूमो?
Is there any accommodation in the hotel?	Ee hotalil tamas saukaryam kittumo?
3. जी हाँ।	अते।
Yes, sir.	Ate.
4. जी, नही।	अल्ल।
No, sir.	All.
5. अन्दर आइये।	आकत्तु वरु।
Come in.	Akattu varu.
6. ओह! आइये, बैठिये।	ओ ! वरू, इरिक्कु?
Hallo, come in, be seated.	O ! varu irikku.
7. आपको क्या चाहिए?	निंगलक्कु एंतु वेणम्?
What do you want?	Ningalakku entu venam?
8. आपका नाम क्या है?	निंगलुटे पेर एंतु?
What is your name?	Ningalute per entu?
9. नमस्ते आप कैसे हैं?	नमस्कारम्, सुखम् तन्ने यल्ले?
Namaste, How do you do?	Namaskaram, sukham tanne yalle?
10. मैं अच्छा हूँ।	सुखम् तन्ने।
I am fine.	Sukham tanne.
11. मेरा नाम...है।	एंटे पेर...आकुन्नु।
My name is..	Ente per...akunnu.
12. आप क्या काम करते हैं?	निंगल्क्कु एन्दु जोलि?
What is your business?	Ningalkku endu joil?
13. आप कहाँ के रहने वाले हैं?	निंगल एविटे तामसिक्कुन्नु?
Where do you reside?	Ningal evite tamasikkunnu?
14. शहर का नाम क्या है?	पट्टणतिंटे पेर एन्तु?
What is the name of the town?	Pattanatinte per entu?
15. नगर का नाम...है।	ई पट्टणतिंटु पेर...
The name of the town is...	Ee pattanatintu per...
16. आप यहाँ कब आये?	निंगल् एप्पोल् इविडे वन्नु?

When did you come here ?	Ningal eppol ivide vannu?
17. आपकी उम्र क्या है?	निंगलक्कु वसस्सु एव?
How old are you?	Ningalakku vasassu ev?
18. आपका घर कहाँ है?	निगलंडे वीड्डु एविडे आगुन्नु?
Where is your house?	Ningalde vidu evide agunnu?
19. यह फार्म लीजिये और भर कर दीजिए।	आ फॉर्म पूरिपिच्चु तरिक।
Take this form and fill it.	A form puripichchu tarik.
20. आप एक दिन का क्या लेते हैं?	ओरु दिवसत्तेक्य चिलवु एत्र?
What is the daily charge?	Oru divasattekkya chilavu etr?
21. इस कमरे का किराया क्या है?	ई मुरिक्कु वाटक एत्र?
What is the rent of this room?	Ee murikku vatak etr?
22. आप कैसा भोजन देते हैं?	एन्तु भक्षणमाण निंगल् कोटुक्कुन्नत?
What Kind of food do you serve?	Entu bhakshanaman ningal kotukkunnat?
23. शाकाहारी या मांसाहारी?	सस्य भक्षणमो? मांस भक्षणमो?
Vegetarian or non-vegetarain?	Sasya bhakshanamo? mans bhakshanamo?
24. दोनों।	रेंटुम।
Both.	Rentum.
25. सामने के कमरे में जाइये।	अटुत्तु मुर्रियेलेक्कु पोक्कु।
Go to the front room.	Atuttu murriyilekku pokku.
26. जो चाहे माँग लीजिये।	एन्तेंक्रिलुम् वेणमेंकिल् चेदिक्कुम।
Ask for whatever you want.	Entenkilum Venmenkil chedikkum.
27. क्या आप मुझे थोड़ा पानी देंगे?	एनिक्कु कुर्रच्चु वेल्लम् कोंटतरुमो?
Will you get me some water?	Enikku kurrachchu vellam kontutarumo?
28. आप वहाँ आइये।	निंगल् अविडे वरू।
You come there.	Ningal avide varu.
29. खाना लाओ।	आहारम् कोंटि वरू।
Bring the food.	Aharam konti varu.
30. कपड़े धोओ।	तुणि कलुक।
Wash the clothes.	Tuni kaluk.

हिन्दी-अंग्रेजी	मलयालम्
31. यह चिट्ठी लेटर-बक्स में डालो।	ई एलत्तुकले पोस्टु पोट्टियिल इटुक।
Post these letters.	Ee elattukale postu pottiyil ituk.
32. मैं यह भाषा जानता हूँ।	ई भाष एनिक्कु अरियाम्।
I know this language.	Ee bhash enikku ariyam.
33. मैं यह भाषा नहीं जानता हूँ।	ई भाष एनिक्कु अरियिल्ल।
I do not know this language.	Ee bhash enikku ariyiall.
34. यह चेक भुनाना है।	ई चेक्कु मार्रान उल्लतु आनु।
This cheque is to be cashed.	Ee chekku marran ullatu anu.
35. मुझे ट्रंक काल करना है।	एनिक्कु ओरु ट्रंक काल विलिक्कणम।
I want to book a trunk call.	Enikku oru trunk kal vilikkanam.
36. चाय पिओ।	चाय कुटिक्क।
Have some tea.	Chay kutikk.
37. आइये, हम चाय पियें।	वरू, नमुक्कु चाय कुटिक्काम्।
Come, let's have tea.	Varu, namukku chay kutikkam.
38. क्षमा करें, मैंने अभी चाय पी है।	इप्पोल् चाय कुटिच्चतेयुल्ल।
Excuse me, I have just had my tea.	Ippol chay kutichchateyull.
39. क्या आप सिगरेट पियेंगे?	सिगरेट्ट वलिक्कुमो?
Would you like to smoke?	Sigaret valikkumo?
40. नहीं, मैं सिगरेट नहीं पीता।	वेंट, ञांन् पुग वलिक्कारिल्ला।
Sorry, I don't smoke.	Went [jnyan pug valikkarill.
41. यहाँ पेशाबघर कहाँ है?	पोतु कक्कूसु एविडे?
Where is the public toilet?	Potu kakkusu evide?
42. जल्दी करो।	वेगत्तिल आकट्टे।
Make haste.	Vegattil akatte.
43. गाड़ी किस प्लेटफार्म पर आयेगी?	वन्टि एतु प्लॅटफार्मिल् वरुम्?
What platform will the train be coming on?	Vanti etu platformil varum?
44. यहाँ गाड़ी कितनी देर ठहरती है?	ईव्विटे वन्टि एव समयम् निक्कुम्?
How long will the train stop here?	Ivvite vanti ev samayam nikkum?
45. गठरी उठाओ।	भारम् एटुक्कु।
Pick up the bundle.	Bharam etukku.

हिन्दी–अंग्रेजी	मलयालम्
46. ऐ कुली, सामान उठाओ।	ए कूली, सामानम् ए टुक्कू।
Porter, take the luggage.	E kuli, samanam e tukku.
47. नम्बर क्या है?	नम्बर एंता?
What is your number?	Nambar enta?
48. वेटिंगरूम (प्रतीक्षालय) कहाँ है?	विश्रममूरि एविटे आणु?
Where is the waiting room?	Vishrammuri evite anu?
49. थोड़ी देर बैठिये।	अल्प नेरम इरक्कुक।
Be seated for a while.	Alp neram irakkuk.
50. थोड़ी देर ठहरो।	अल्पम् इरिक्कुक।
Wait a bit.	Alpam irikkuk.
51. मैं आपकी राह देखूँगा।	आन् निंगले कात्तुनिल्काम्।
I shall wait for you.	An ningale kattunilkam.
52. मेरी राह मत देखना।	एनिक्कु वेंटि कात्तिरिक्कंट।
Please? don't wait for me.	Enikku venti kattirikkant.
53. आप कहाँ जा रहे हैं?	निंगल् एविटेय्क्कु अणु?
Where are you going?	Ningal eviteyakku anu?
54. रास्ता बताओ।	वलि काट्टू।
Show the way.	Vali kattu.
55. क्या कोई सवारी जल्दी मिल सकेगी?	एंदेगिलुम वाहनम् उटिने किट्टुमो?
Is there any conveyance readily available?	Endegilum vahanam utine kittumo?
56. यह बस कहाँ जाती है?	ई बस्सु ए वटेक्क पोकुन्नु?
Where does this bus go?	Ee bassu a vatekk pokunnu?
57. आपके कितने पैसे हुए?	एन्तु आयि?
What is your bill?	Entu ayi?
58. इस चीज के दाम क्या हैं?	इतिन्नु एंतु विल?
What is the price of this thing?	Etinnu entu vil?
59. यहाँ से बाजार कितनी दूर है	इव्विटे निन्नुम् चन्तयिले एन्तु दूरम्?
How far is the market?	Ivvite ninnum chantyile entu duram?
60 बहुत दूर।	वलरे दूरथाणु।
It is quite distant.	Valare doorathanu.

हिन्दी–अंग्रेजी	मलयालम्
61. मुझे टैक्सी कहाँ मिलेगी?	टैक्सी अट्टै किट्टुम?
Where can I get a taxi?	Taxi ettai kittum?
62. अगले मोड़ पर।	अडुत्त वजि मुक्किल।
At the next crossing.	Adutta vaji mukkil.
63. क्या लोगे?	कूलि एंता?
How much will you take?	kuli enta?
64. मेरे पास रेजगारी नहीं है।	एन्टे कय्यिल् चिल्लर इल्ल।
Sorry, I don't have any change.	Ente kayyil chillar ill.
65. नहीं इतने में पूरा नहीं पड़ता।	इल्ल, विषयमाण।
Sorry, I can't afford it.	Ill vishayman.
66. क्या माल अच्छा है न?	नल्ल चरक्काणो?
Is the stuff alright?	Nall charakkano?
67. रंग पक्का है न?	चायम् पोकुमो?
Is the colour fast?	Chayam pokumo?
68. हाँ, हाँ जरूर।	अते, आवश्यमाणु।
Certainly.	Ate avashyamanu.
69. एक गज का क्या दाम है?	वारटकु इन्तु विल?
How Much per yard?	Vartaku entu vil?
70. देखिये, बाहर कौन आया है?	नोक्कू, वेकियित आरेन्नु?
Go look, someone is at the door?	Nokku vekiyit aarennu?
71. क्या काम है?	एन्ताण कार्यम?
What is the work?	Entan karyam?
72. क्षमा कीजिये, मैंने आपके काम में खलल डाला।	क्षामिक्कणम ज्ञान निंगले दुधि मुटिच्छु।
Excuse me, I have disturbed you.	Kshamikkanam jnyan ningale dudhi mutichchhu.
73. आपको उनसे कोई काम है?	एंदेंगिलुम कार्यगुण्डू?
Have you any business with him?	Endengilum karygundo?
74. खुद उनसे मिलना चाहता हूँ।	नेरट्टु काणान ऊल्लताणु

हिन्दी–अंग्रेजी	मलयालम्
I want to see him personally.	Nerittu kanan ullatanu.
75. कहिये, कैसे क्या चल रहा है?	पर्रयू, एन्ता वर्तमानम्?
How is everything?	Parrayu, enta vartamanam?
76. उसने मुझे यह समाचार सुनाया।	अवन् एन्नोटु ई वर्तमानम् पर्रञ्जानु।
He gave me the news.	Avan ennotu ee vartamanam parranjnu.
77. आपका स्वर बहुत मीठा है।	निंटे शारीरम् सुमधुरमाणु।
Your voice is very sweet.	Ninte shariram sumadhurmanu.
78. एक गाना गाइये न!	ओरु पाट्टु पाटु।
Please, sing a song.	Oru pattu patu.
79. मैं गाना नहीं जानता।	एनिक्कु पान्ट्टु अरियिल्ल।
I can't sing.	Enikku panttu ariyill.
80. एक बार कोशिश तो कीजिये।	ओरिक्कल परिश्रमिक्कुक।
There is no harm in trying once.	Orikkal parishramikkuk.
81. आपके पास कोई आया था?	आरो निंगले काणान् वन्निरुन्नु?
Someone had come to see you?	Oro ningale kanan Vammirunu?
82. वह मेरा पड़ोसी है।	अयाल् एंटे अयल्वाणि आकुंतु।
He is my neighbour	Ayal ente ayalvani akuntu.
83. कितने दिन की छुट्टी लेनी पड़ेगी?	एत्र दिवसम् अवधि एटुक्कणम्?
For how many days shall I remain on leave?	Etr divasam avadhi etukkanam?
84. मैं पिछले कई दिन से बीमार था।	कलिञ्ञ् कर्रच्चु दिवसमाय। एनिक्क सुखमिल्लायिरुन्नु।
I was ill for last few days.	Kalinjna karrachchu divasamay . enikka sukhamillayirunnu.
85. मैं आज से एक महीने की छुट्टी पर हूँ।	इन्नु मुतुल्कु ञान् ओरु मासत्ते अवधिथिलाणु
I am on leave for a month from today.	Innu mutalku jnan eru masatte month avadhithilanu
86. मेरे लिए कुछ अच्छी पुस्तकें भेजो।	एनिंक्कु चिल नल्ल पुस्तकंगल अयक्कुक।
Send some good books for me.	Enikku chil nall pustakangal ayakkuk.
87. मैं आपको अपना फोटो भेजूँगा।	एन्हे पटम् ञाननिनक्कु अयच्चुदराम।

I will send you my photograph.	Ente patam jnanninakku ayachchudaram.
88. बाद में थोड़ा आराम कीजिये।	पिन्ने अल्पम् विश्रमिक्कणम्।
Take a little rest after that.	Pinne alpam vishramikkanam.
89. गुस्सा न कीजिये।	कोपिक्कादे।
Don't be angry.	Kopikkade.
90. डरो मत।	पेटिक्कादे।
Don't be afraid.	Petikkade.

8
मराठी

महाराष्ट्री प्राकृत से निकली मराठी संस्कृतमूलक आर्य-भारतीय भाषा है। इसके बोलने वाले तीन करोड़ (3,32,86,771) हैं। मराठी और हिन्दी में लिपि-साम्य है, यद्यपि 'ल' वर्ण अधिक है। इस भाषा का प्राचीन साहित्य बहुत समृद्ध था : ज्ञानेश्वर, नामदेव, तुकाराम, रामदास प्रसिद्ध सन्त कवि हुए हैं। आधुनिक काल में केशवसुत हरिनारायण आप्टे के अलावा लोकमान्य तिलक का 'गीता रहस्य' प्रसिद्ध है। खांडेकर-पेंडसे आदि के उपन्यास हिन्दी में अनुवाद रूप में मिलते हैं। मराठी का नाट्य-साहित्य समृद्ध है। इतिहास-शोध, कोश आदि क्षेत्रों में मराठी में बहुत काम हुआ है। अति आधुनिक कविता और प्रयोगशील कथा-उपन्यास में कई लेखक अग्रणी हैं। मर्ढ़ेकर, रेगे, अनिल, कुसुमाग्रज, गंगाधर गाडगिल, अ-गोखले, माडगूलर, करंदीकर, क्षपट, पाडगाँवकर चित्रे आदि प्रसिद्ध हैं।

मराठी में लिखते 'च' हैं, पर कहीं-कही 'च़' बोलते हैं। 'ज' और 'ज़' भी लिखते एक से हैं, पर बोलते दो तरह से हैं।

मराठी से हिन्दी में शिक्षक, व्याकरण, कोश आदि कई हैं। अनुवाद भी बहुत पाये जाते हैं।

MARATHI

Marathi is Sanskrit based Indo-Aryan language based on Maharashtri Prakrit. The number of its speakers is 33 millions. Marathi and Hindi have the same script though there is more letter 'l'. Its ancient literature was very rich : Jnaneshwar, Namdev, Tukaram and Ramdas have been famous saint-poets. In modern period Keshavasut Hari Narayan Apte and Lokmanya Tilak's 'Gita Rahasya' are well-known. Hindi translations of khandekar and Pendse's novels are available. Marathi drama is very rich. Much work has been done historical reserach, lexicography and social science. There are many writers who are forward in most modern poetry and experimental fiction. Mardhekar, Rege, Anil,Kusumagraj, Gangadhar Gadgil, A.Gokhale, Madgular, Karandikar, Bapat, Pangaonkar, Chitre are well-known.

In Marathi they write 'ch' but some times it is pronounced 'Tch' ; 'J' is pronounced as 'Z'.

There are many self-teachers, grammars, dictionaries from Marathi into Hindi. There are many good translations.

●●●

हिन्दी-अंग्रेजी उच्चारण	मराठी उच्चारण
1. यहाँ होटल किधर है?	येथे हॉटेल कुठे आहे?
Where is the hotel?	Yethe hotel kuthe ahe?
2. क्या इस होटल में जगह खाली है?	ह्या हॉटलांत रहाण्याची जागा रिकामी आहे ना?
Is there any accommodation in the hotel?	Hya hotelant rahanyachi jaga rikami ahe na?
3. जी हाँ।	हो।
Yes, sir.	Ho.
4. जी, नहीं।	नाही।
No, sir.	Nahi.
5. अन्दर आइये।	आंत ये।
Come in.	Ant ye.
6. ओह! आइये, बैठिये।	आहो ! या बसा।
Hallo, come in, be seated.	Oho ! ya basa.
7. आपको क्या चाहिए?	तुम्हाला काय पाहिजे?
What do you want?	Tumhala Kay pahije?
8. आपका नाम क्या है?	आपले नांव काय?
What is your name?	Aple nanv kay?
9. नमस्ते, आप कैसे हैं?	नमस्कार ! कसे काय?
Namaste, How do you do?	Namaskar, kase kay?
10. मैं अच्छा हूँ।	ठीक आहे।
I am fine.	Theek, ahe.
11. मेरा नाम...है।	माझे नांव...आहे।
My name is..	Majhe name...Ahe.
12. आप क्या काम करते हैं?	तुम्हीं काय उद्योग करता?
What is your business?	Tumhi kay udyog karata?
13. आप कहाँ के रहने वाले हैं?	तुम्हीं कुठचे राहणारे?
Where do you reside?	Tumhi kuthche rahnare?
14. शहर का नाम क्या है?	शहराचे नांव काय?
What is the name of the town?	Shaharache nanv kay?
15. नगर का नाम...है।	ह्या शहराचे नांव...
The name of the town is...	Hya shaharache nanv...
16. आप यहाँ कब आये?	तुम्ही येथे केन्वा आला?

हिन्दी–अंग्रेजी	मराठी
When did you come here?	Tumhi yethe kenva ala?
17. आपकी उम्र क्या है?	तुमचे वय काय?
How old are you?	Tumche vey kay?
18. आपका घर कहाँ है?	तुमचे घर कुठे आहे?
Where is your house?	Tumche ghar kuthe ahe?
19. यह फार्म लीजिये और भर कर दीजिए।	तो फॉर्म घ्या आणि भरून द्या।
Take this form and fill it.	To formghya ani bharun dya.
20. आप एक दिन का क्या लेते हैं?	तुम्ही रोजचे काय घेता?
What is the daily charge?	Tumhi rojche kay gheta?
21. इस कमरे का किराया क्या है?	ह्या खोलीचे भाडे किती आहे?
What is the rent of this room?	Hya kholiche bhade kiti ahe?
22. आप कैसा भोजन देते हैं?	तुम्हीं कोणते जेवण देता?
What Kind of food do you serve?	Tumhi konte jevan deta?
23. शाकाहारी या मांसाहारी?	शाकाहारी कीं मांसाहारी?
Vegetarian or non-vegetarain?	Shakahari kin mansahari?
24. दोनों।	दोन्हीं।
Both.	Donhi.
25. सामने के कमरे में जाइये।	त्या समोरच्या खोलीत ज़ा।
Go to the front room.	Tya samorachya kholit ja.
26. जो चाहे माँग लीजिये।	हवे ते मागुन ध्या।
Ask for whatever you want.	Have to magun ghya.
27. क्या आप मुझे थोड़ा पानी देंगे?	मला थोड़े पाणी प्यायला देता का?
Will you get me some water?	Mala thode pani pyayala deta ka?
28. आप वहाँ आइये।	तुम्ही तेथे या।
You come there.	Tumhi tethe ya.
29. खाना लाओ।	जेवण आण।
Bring the food.	Jeven an.
30. कपड़े धोओ।	कपड़े धू।
Wash the clothes.	Kapade dhoo.
31. चिट्‌ठी लेटर-बक्स में डालो।	ही पत्रें पोस्टाच्या पेटीत टाक।
Post these letters.	Hi patren postachya petita tak.

हिन्दी–अंग्रेजी	मराठी
32. मैं यह भाषा जानता हूँ।	मला ही भाषा येते।
I know this language,	Mala hi bhasha yete.
33. मैं यह भाषा नहीं जानता हूँ।	मला ही भाषा येत नाही।
I do not know this language.	Mala hi bhasha yet nahie.
34. यह चेक भुनाना है।	हा चेक वटवायचा आहे।
This cheque is to be cashed.	Ha chek vatvayacha ahe.
35. मुझे ट्रंक काल करना है।	मला ट्रंक कॉल् करावयाचा आहे।
I want to book a trunk call.	Mala trank kal karavayachaahe.
36. चाय पिओ।	चहा घे।
Have some tea.	Chaha ghe.
37. आइये, हम चाय पियें।	चला चहा घेउ् या।
Come, let's have tea.	Chala chaha gheu ya.
38. क्षमा करें, मैंने अभी चाय पी है।	राहू द्या आत्ताच चहा झाला आहे।
Excuse me, I have just had my tea.	Rahu dya attach chaha jhala ahe.
39. क्या आप सिगरेट पियेंगे?	सिगारेट ओढणार का?
Would you like to smoke?	Sigaret odhnar ka?
40. नहीं, मैं सिगरेट नहीं पीता।	नको, मी सिगारेट ओढ़त नाही।
Sorry, I don't smoke.	Nako, mi sigaret odhat nahi.
41. यहाँ पेशाबघर कहाँ है?	येथे मुतारी कोठे आहे?
Where is the public toilet?	Yethe mutari kothe ahe?
42. जल्दी करो।	घाई कर।
Make haste.	Ghai kar.
43. गाड़ी किस प्लेटफार्म पर आयेगी	गाड़ी कुठच्या प्लेटफॉर्मवर येईल?
What platform will the train be coming on?	Gadi kuthchya platformver yeel?
44. यहाँ गाड़ी कितनी देर ठहरती है?	इथे गाड़ी किती वेल थाम्बते?
How long will the train stop here?	Ithe gadi kiti vel thambte?
45. गठरी उठाओ।	गाठोडे उचल।
Pick up the bundle.	Gathode uchal.
46. ऐ कुली, सामान उठाओ।	ए हमाल, सामान उचल।
Porter, take the luggage.	E hamal, saman uchal.

हिन्दी-अंग्रेजी	मराठी
47. नम्बर क्या है?	नम्बर काय आहे?
What is your number?	Nambar kay ahe?
48. वेटिंगरूम (प्रतीक्षालय) कहाँ है?	वेटिंग रूम कुठे आहे?
Where is the waiting room?	Waiting room kuthe ahe?
49. थोड़ी देर बैठिये।	थोड़ा वेल बसा।
Be seated for a while.	Thoda vel basa.
50. थोड़ी देर ठहरो।	थोड़ा वेल थाम्ब।
Wait a bit.	Thoda vel thamb.
51. मैं आपकी राह देखूँगा।	मी तुमची वाट पाहीन।
I shall wait for you.	Mee tumchi vat paheen.
52. मेरी राह मत देखना।	माझी वाट पाहू नका।
Please, don't wait for me.	Mazi vat pahu naka.
53. आप कहाँ जा रहे हैं?	तुम्हीं कुठे जाणार?
Where are you going.	Tumhi kuthe janar?
54. रास्ता बताओ।	वाट दाखव।
Show the way.	Vat dakhav.
55. क्या कोई सवारी जल्दी मिल सकेगी?	चटकन एखादे वाहन मिलेल का?
Is there any conveyance readily available?	Chatkan ekhade wahan milel ka?
56. यह बस कहाँ जाती है?	ही बस कुठे जाते?
Where does this bus go?	Hi bas kuthe jate?
57. आपके कितने पैसे हुए?	तुमचे बिल किती झाले?
What is your bill?	Tumche bill kiti jhale?
58. इस चीज के क्या दाम हैं?	या वस्तूची किमत काय?
What is the price of this thing?	Ya vastuchi kimmat kay?
59. यहाँ से बाजार कितनी दूर है।	येथून बाजार किती दूर आहे?
How far is the market?	Yethun bazar kiti door ahe?
60 बहुत दूर।	बराच दूर आहे।
It is quite distant.	Barach dur ahe.
61. मुझे टैक्सी कहाँ मिलेगी?	मला टॅक्सी कुठे मिलेल?
Where can I get a taxi?	Mala taxi kuthe milel?
62. अगले मोड़ पर।	पुढच्या नाक्यावर आहे।

हिन्दी-अंग्रेजी	मराठी
At the next crossing.	Pudhchya nakyavar ahe.
63. क्या लोगे?	काय घेशील?
How much will you take?	Kay ghesheel?
64. मेरे पास रेजगारी नहीं है।	माझ्याजवल मोड नाही।
Sorry, I don't have any change.	Mazyajaval mod nahi.
65. नहीं, इतने में पूरा नहीं पड़ता।	नाहीं परवडत साहेब।
Sorry, I can't afford it.	Nahi parvadat saheb.
66. क्या माल अच्छा है न?	माल चांगला आहे ना?
Is the stuff alright?	Mal changla ahe na?
67. रंग पक्का है न?	रंग पक्का आहे ना?
Is the colour fast?	Rang pakka ahe na?
68. हाँ, हाँ, जरूर।	हो, हो जरूर।
Certainly.	Ho, ho zarur.
69. एक गज का क्या दाम है?	कसे वार दिले?
How Much per yard?	Kase var dile?
70. देखिये, बाहर कौन आया है?	बाहेर कोण आले आहे पहा?
Go look, someone is at the door?	Bahar kon ale ahe paha?
71. क्या काम है?	काय काम आहे?
What is the work?	Kay kam ahe?
72. क्षमा कीजिये, मैंने आपके काम में खलल डाला।	माफ करा मी तुमच्या कामांत व्यत्यय आणला
Excuse me, I have disturbed you.	Maf kara mi tumchya kamant vyatyay anla.
73. आपको उनसे कोई काम है?	काही काम होते काय?
Have you any business with him?	Kahi kam hote kay?
74. खुद उनसे मिलना चाहता हूँ।	प्रत्यक्षच काम होते।
I want to see him personally.	Pratykshach kam hote.
75. कहिये, कैसे क्या चल रहा है?	बोला, कसे काय चालले आहे?
How is everything?	Bola, kase kay chalale ahe?
76. उसने मुझे यह समाचार सुनाया।	त्याने मला ही बातमी सांगितली।
He gave me the news.	Tyane mala hi batmi sangitli.

हिन्दी–अंग्रेजी	मराठी
77. आपका स्वर बहुत मीठा है।	तुमचा आवाज फार गोड आहे।
Your voice is very sweet.	Tumcha avaz far god ahe.
78. एक गाना गाइये न।	एकादे गाणे म्हणा ना।
Please sing a song.	Ekade gane mhane na.
79. मैं गाना नहीं जानता।	मला गाता येत नाही।
I can't sing.	Mala gate yet nahi.
80. एक बार कोशिश तो कीजिये।	एक वेल प्रयत्न तर करा।
There is no harm in trying once.	Ek vel prayatn tar kara.
81. आपके पास कोई आया था।	तुमच्याकडे कुणी आले होते।
Someone had come to see you.	Tumchyakade kuni ale hote.
82. वह मेरा पड़ोसी है।	तो माझा शेजारी आहे।
He is my neighbour.	To maza shezari ahe
83. कितने दिन की छुट्टी लेनी पड़ेगी?	किती दिवसाची रजा घ्यावी लागेल?
For how many days shall I remain on leave?	Kiti divasachi raja ghyavi lagel?
84. मैं पिछले कई दिन बीमार था।	मी गेले काही दिवस आजारी होतो।
I was ill for last few days.	Mi gele kahi divas azari hoto.
85. मैं आज से एक महीने की छुट्टी पर हूँ।	मी आजपासून एक महिना रजेवर आहे।
I am on leave for a month from today.	Mi ajpasun ek mahina rajevar ahe.
86. मेरे लिए कुछ अच्छी पुस्तकें भेजो।	माज्यासाठी काही चांगली पुस्तके पाठवा।
Send some good books for me.	Mazyasathi kahi changli pustake pathva.
87. मैं आपको अपना फोटो भेजूँगा।	मी तुला माझा फोटो पाठवीन।
I will send you my photograph.	Mi tula maza photo pathvin.
88. बाद में थोड़ा आराम कीजिये।	नन्तर थोड़ी विश्रान्ति घ्या।
Take a little rest after that.	Nantar thotdi visharanti ghya.
89. गुस्सा न कीजिये।	रागावू नका।
Don't be angry.	Ragavu naka.
90. डरो मत।	भिऊ नको।
Don't be afraid.	Bhiu nako.

9
गुजराती

गुजरात प्रदेश के दो करोड़ (20,304,404) गुजरात-भाषी गुर्जर प्राकृत से निकली भाषा बोलते हैं। गुजराती भी संस्कृत मूलक आर्य परिवार की ही भाषा है। यह हिन्दी से निकटतम है, चूंकि पश्चिमी राजस्थानी से यह बहुत मिलती-जुलती है। मीराबाई हिन्दी और गुजराती दोनों की ही कवयित्री मानी जाती हैं, जबकि हैं वह राजस्थानी। केवल अ, इ, च, ज, झ, फ, भ, की लिखावट भिन्न है।

गुजराती में भी 'ल' वर्ण होता है। अन्य उच्चारण हिन्दी की तरह से हैं। सूरत की ओर गुजराती में 'स' का 'ह' होता है। सौराष्ट्र में एक अलग तरह की गुजराती बोली जाती है। आरम्भ में 'ए' हो तो 'अॅ' की तरह बोला जाता है। 'य' को 'ह' मिलाकर बोलने का रिवाज था, जो आधुनिक अलग-अलग लिखना चाहते हैं।

गुजराती का प्राचीन साहित्य समृद्ध है। दयाराम, प्रेमानन्द, नरसी मेहता सन्त कवि हुए हैं। आधुनिक काल में गोवर्धनराम, नर्मद, कलापी आदि प्रसिद्ध लेखक हुए हैं। गाँधीजी की 'आत्मकथा' विश्वविख्यात है। हिन्दी में गुजराती से बहुत से ग्रन्थों का अनुवाद हुआ है। मुन्शी के सभी प्रसिद्ध उपन्यास हिन्दी में मिलते हैं। झवेरचन्द मेघाणी, काका कालेलकर, ईश्वर पेटलीकर, पन्नालाल पटेल गद्य के और उमाशंकर जोशी, सुन्दरम्, राजेन्द्र शाह आदि कवि प्रसिद्ध हैं।

●●●

GUJARATI

The Gujarati speaking residents of the state of Gujarat are 20 millions. They speak the Gujarati language derived from Gujarat Prakrit. Gujarati is also Sanskrit-based Indo Aryan language. It is nearest to Hindi, as it is very similar to western Rajasthani. Mirabai is considered the poetess of both Hindi and Gujarati, while she is Rajasthani. Only A, I, Ch, J, Jh, Ph, Bh are written differently in Gujarati from Hindi : other alphabets are the same, minus the upper binding line.

Gujarati has also 'I'. Other Pronunciations are like Hindi. On the Surat side Gujarati 'S' becomes 'H'. Saurashtra has a different brand of Gujarati. If there is 'Ae' in the beginning it is pronounced as 'Aye'. Previously 'Y' and 'H' were pronounced together. Now they are written separately.

Old Gujarati literature is rich. Dayaram, Premanand, Narasi Mehta were the saint poets. In modern period Govardhanram, Narmad, Kalapi were very famous. Gandhiji's Autobiography is world-famous. Many books from Gujarati are translated into Hindi. Munshi's all novels are available. Jhaverchand Meghani, Kaka Kalelkar, Ishwar Petlikar, Pannalal Patel in prose and Uma Shanker Joshi, Sundaram and Rajendra Shah are famous poets.

●●●

हिन्दी-अंग्रेजी उच्चारण	गुजराती उच्चारण
1. यहाँ होटल किधर है?	अहियन होटल क्यां छे?
Where is the hotel?	Ahiyan hotal kyan chhe?
2. क्या इस होटल में जगह खाली है?	आ होटल में रहेवानी जाग्या खाली छे के?
Is there any accommodation in the hotel?	A hotal man rehevani jagya khali chhe ke?
3. जी हाँ।	हाँ।
Yes, sir.	Han.
4. जी, नहीं।	ना।
No, sir.	Na.
5. अन्दर आइये।	अन्दर आव।
Come in.	Ander aav.
6. ओह! आइये, बैठिये।	ओहो ! आवो बेसो।
Hallo, come in, be seated.	Oho ! aao beso.
7. आपको क्या चाहिए?	तमारे शूं जोइये छे?
What do you want?	Tamare shun Joiya chhe?
8. आपका नाम क्या है?	आपनूं नाम शुं छे?
What is your name?	Apnun nam shun chhe?
9. नमस्ते आप कैसे हैं?	नमस्ते, केम छो?
Namaste, How do you do?	Namaste, Kem chho?
10. मैं अच्छा हूँ।	सारू छे।
I am fine.	Saru chhe.
11. मेरा नाम...है।	मारु नाम...छे।
My name is..	Marun nam...chhe.
12. आप क्या काम करते हैं?	तमे क्यो धन्दो करो छो?
What is your business?	Tama kyo dhando karo chho?
13. आप कहाँ के रहने वाले हैं?	तमे क्यां रहो छो?
Where do you reside?	Tume kyan raho chho?
14. शहर का नाम क्या है?	शहेरनुं नाम शुं छे?
What is the name of the town?	Shahernun nam shun chhe?
15. नगर का नाम...है	आ शहेरनुं नाम...
The name of the town is...	A shahernun nam...
16. आप यहाँ कब आये?	तमें अहिं क्या रे आव्या?

हिन्दी-अंग्रेजी	गुजराती
When did you come here?	Tame ahin kya re avya?
17. आपकी उम्र क्या है?	तमारी उम्मर केटली छे?
How old are you?	Tamari ummar ketli chhe?
18. आपका घर कहाँ है?	तमारु घर क्याँ छे?
Where is your house?	Tamaru ghar Kyan chhe?
19. यह फार्म लीजिये और भर कर दीजिए।	पेलुं फॉर्म ल्यो अने भरी आपो।
Take this form and fill it.	Pelun form lyo ane bhari apo.
20. आप एक दिन का क्या लेते हैं?	तमे रोजनुं शुं लोछो?
What is the daily charge?	Tame roznun shun lochho?
21. इस कमरे का किराया क्या है?	पा ओरडानुं भाडुं शुं छे?
What is the rent of this room?	Pa oardanun bhadun shun chhe?
22. आप कैसा भोजन देते हैं?	तमे केवो खोराक आपो छो?
What Kind of food do you serve?	Tame kevo khorak apochho?
23. शाकाहारी या मांसाहारी?	शाकाहारी के मांसाहारी?
Vegetarian or non-vegetarain?	Shakahari ke mansahari?
24. दोनों।	बन्ने।
Both.	Banne.
25. सामने के कमरे में जाइये।	पेली सामेनी रूम मां जाव।
Go to the front room.	Peli sameni room man jav.
26. जो चाहे माँग लीजिये।	जे जोइये ते मागो।
Ask for whatever you want.	Je joiye te mago.
27. क्या आप मुझे थोड़ा पानी देंगे?	मने जरा पाणी पीवा आपशो के?
Will you get me some water?	Mane zara pani piva apsho ke?
28. आप वहाँ आइये।	तमे त्याँ आवो।
You come there.	Tame Tyan aoo.
29. खाना लाओ।	जमवानुं लाव।
Bring the food.	Jamvanun lav.
30. कपड़े धोओ।	कपड़ा धो।
Wash the clothes.	Kapda dho.
31. यह चिट्ठी लेटर-बक्स में डालो।	आ पत्रो पेटीमां नाखजे।
Post these letters.	A patro petiman nakhje.

हिन्दी-अंग्रेजी	गुजराती
32. मैं यह भाषा जानता हूँ।	मने आ भाषा आवदटी।
I know this language.	Mane a bhasha avadti.
33. मैं यह भाषा नहीं जानता हूँ।	मने आ भाषा आवदटी एथी।
I do not know this language.	Mane a bhasha avadti athi.
34. यह चेक भुनाना है।	आ चेक वटाववो छे।
This cheque is to be cashed.	A chek vatavao chhe.
35. मुझे ट्रंक काल करना है।	मारे ट्रंक काल करवो छे।
I want to book a trunk call.	Mare trunk kal karvo chhe.
36. चाय पिओ/पीजिए।	चहा ले।
Have some tea.	Chaha le.
37. आइये, हम चाय पियें।	चालो, आपड़े चा पीटिये।
Come, let's have tea.	Chalo, apde cha pitiye.
38. क्षमा करें, मैंने अभी चाय पी है।	रहेवा दोने हमणाज पीधी छे।
Excuse me, I have just had my tea.	Reheva done hamraj pidhichhe.
39. क्या आप सिगरेट पियेंगे?	विडी पीशो के?
Would you like to smoke?	Vidi pisho ke?
40. नहीं, मैं सिगरेट नहीं पीता।	ना, हूँ पीतो नथी।
Sorry, I don't smoke.	Na, hun pito nathi.
41. यहाँ पेशाबघर कहाँ है?	आहियाँ मुतरडी क्याँ छे?
Where is the public toilet?	Ahiyan mutardi kyan chhe?
42. जल्दी करो/कीजिए।	जल्दी कर।
Make haste.	Jaldi kar.
43. गाड़ी किस प्लेटफार्म पर आयेगी?	गाड़ी कया प्लॅट फार्म पर आवशे?
What platform will the train be coming on?	Gadi kaya platform par avshe?
44. यहाँ गाड़ी कितनी देर ठहरती है?	अहीं गाड़ी केटली बार उभी रहे छे?
How long will the train stop here?	Ahin gadi ketli var ubhi rahe chhe?
45. गठरी उठाओ/उठाइए।	पोटलुँ उठाव।
Pick up the bundle.	Potlun uthav.
46. ऐ कुली, सामान उठाओ।	ऐ हमाल, सामान उठाव।
Porter, take the luggage.	E hamal, Saman uthav.

हिन्दी-अंग्रेजी	गुजराती
47. नम्बर क्या है?	तारो नम्बर शुं छे?
What is your number?	Taro nambar shun chhe?
48. वेटिंगरूम (प्रतीक्षालय) कहाँ है?	वेटिंग रूम क्याँ छे?
Where is the waiting room?	Waiting room kyan chhe?
49. थोड़ी देर बैठो/बैठिए।	थोड़ी वार बेसो।
Be seated for a while.	Thodi var beso.
50. थोड़ी देर ठहरो/ठहरिए।	जरा थोभ्।
Wait a bit.	Zara thobh.
51. मैं आपकी राह देखूँगा।	हूँ तमारी राह जोईश।
I shall wait for you.	Hun tamari rah joish.
52. मेरी राह मत देखना।	मारी राह ना जोता।
Please don't wait for me.	Mari rah na jota.
53. आप कहाँ जा रहे हैं?	तमारे क्या जवुं छे?
Where are you going?	Eamare kya javun chhe?
54. रास्ता बताओ।	रस्तो बताव।
Show the way.	Rasto batav.
55. क्या कोई सवारी जल्दी मिल सकेगी?	अहियाँ जलदी थी कोई वाहन मलशेके?
Is there any conveyance readily available?	Ahiyan jaladi thi koi vahan malashe ke?
56. यह बस कहाँ जाती है?	आ बस क्याँ जाय छे?
Where does this bus go?	A bas kyan jay chhe?
57. आपके कितने पैसे हुए?	तमारुं बिल शुं थयू?
What is your bill?	Tamarun bil shun thayu?
58. इस चीज के दाम क्या हैं?	आ वस्तुनों शुं भाव छे?
What is the price of this thing?	A vastuno shun bhav Chhe?
59. यहाँ से बाजार कितनी दूर है?	अहिंथी बजार केटली दूर छे?
How far is the market?	Ahinthi bajar ketli dur chhe?
60 बहुत दूर।	घनी दूर छे।
It is quite distant.	Ghani dur chhe.
61. मुझे टैक्सी कहाँ मिलेगी?	मने टैक्सी क्याँ मलशे?
Where can I get a taxi?	Mane taxi kyan malshe?
62. अगले मोड़ पर।	आगलना नाका ऊपर छे।

हिन्दी-अंग्रेजी	गुजराती
At the next crossing.	Agalna naka upar chhe.
63. क्या लोगे?	शुं लेइश?
How much will you take?	Shun leish?
64. मेरे पास रेजगारी नहीं है।	मारीपासे परचुरण नथी।
Sorry, I don't have any change.	Maripase parchuran nathi.
65. नहीं, इतने में पूरा नहीं पड़ता।	नहीं, पोसातुं नथी।
Sorry, I can't afford it.	Nahin, posatun nathi.
66. क्या माल अच्छा है न?	माल सारो छे ने?
Is the stuff alright?	Mal saro chhe ne?
67. रंग पक्का है न?	रंग पाको छे ने?
Is the colour fast?	Rang pako chhe ne?
68. हाँ, हाँ जरूर।	ओवे, चोक्कस।
Certainly.	Ove, chokkas.
69. एक गज का क्या दाम है?	केम वार अप्युं?
How Much per yard?	Kem var apyum?
70. देखिये, बाहर कौन आया है?	जो तो बहार कोण आव्युं छे।
Go look, someone is at the door?	Jo to bahar kon avyun chhe.
71. क्या काम है?	शुं काम छे?
What is the work?	Shun kam chhe?
72. क्षमा कीजिये, मैंने आपके काम में खलल डाला।	माफ करो, मैं तमारा काम मां दखल दीधी।
Excuse me, I have disturbed you.	Maf karo, men tamara kam man dakhal didhi.
73. आपको उनसे कोई काम है?	कई काम हतु के?
Have you any business with him?	Kain kam hatu ke?
74. खुद उनसे मिलना चाहता हूँ।	रूबरूज काम हतुं।
I want to see him personally.	*Rubruj kam hatun.*
75. कहिये कैसे क्या चल रहा है?	बोलो, केम चाले छे?
How is everything?	Bolo, Kem chale chhe?
76. उसने मुझे यह समाचार सुनाया।	एने मने ये समाचार कह्या।
He gave me the news.	Ene mane ye samachar kahya.

हिन्दी-अंग्रेजी	गुजराती
77. आपका स्वर बहुत मीठा है।	तमारो कण्ठ बहु मीठो छे।
Your voice is very sweet.	Tamaro kanth bahu mitho chhe.
78. कृपया, एक गाना गाइये न।	एकाद गायन गाव तो।
Please sing a song.	Ekad gayan gav to.
79. मैं गाना नहीं जानता।	मने गाता आवडतु नथी।
I can't sing.	Mane gata avadatu nathi.
80. एक बार कोशिश तो कीजिये।	एक वार प्रयत्न तो करो।
There is no harm in trying once.	Ek var prayatna to karo.
81. आपके पास कोई आया था?	तमारे त्याँ कोई आव्युं हतुं?
Someone had come to see you?	Tamare Tyan koi avyun?
82. वह मेरा पड़ोसी है।	ए मारो पाडोशी छे।
He is my neighbour.	E maro padoshi chhe.
83. कितने दिन की छुट्टी। लेनी पड़ेगी?	केटला दिवसनी रजा लेवी पडशे?
For how many days shall I remain on leave?	Ketle divasni raja levi padshe?
84. मैं पिछले कई दिन बीमार था।	हुँ छेल्ला काईंक दिवस माँदो हतो।
I was ill for last few days.	Hun chhella kanik divas mando hato.
85. मैं आज से एक महीने की छुट्टी पर हूँ।	आज थी एक महिनो हूं रजा ऊपर छु।
I am on leave for a month from today.	Aj thi ek mahino hun raja upar chhu.
86. मेरे लिए कुछ अच्छी पुस्तकें भेजो	मारे माटे थोडाँ साराँ पुस्तको मोकलो।
Send some good books for me.	Mare mate thodan saran pustako moklo.
87. मैं आपको अपना फोटो भेजूँगा।	हुँ तमने मारो फोटो मोकलीश।
I will send you my photograph.	Hun tamne maro photo moklish.
88. बाद में थोड़ा आराम कीजिये।	पछी थोडो आराम करजो।
Take a little rest after that.	Pachhi thodo aram karjo.
89. गुस्सा न कीजिये।	गुस्से न थाव।
Don't be angry.	Gusse na thav.
90. डरो मत।	गभराईश नहीं
Don't be afraid.	Gabhraish nahin.

10
सिंधी

सिंधी भारत के संविधान में चौदह भाषाओं के साथ हाल में जोड़ी गई पन्द्रहवीं भाषा है। 1961 की जन-गणना के हिसाब से इसके बोलने वाले तेरह लाख (1,371,932) लोग हैं।

सिंधी व्राचड़ प्राकृत से आई हुई भाषा है, जिसके बनने में अरबी का भी काफी योगदान रहा है। इसकी वर्णमाला अरबी-फारसी जैसी है, यद्यपि आधुनिक सिंधी के कई ग्रन्थ देवनागरी में भी छपते हैं। सिंधी के प्राचीन कवियों में शाह अब्दुल लतीफ, सामी आदि सूफी सन्त-कवि और सोहणी-माहीवाल लोकगाथा प्रसिद्ध है। आधुनिक काल में अमरडिनोमल ने और लेखराज अजीज ने बड़ा काम किया।

अन्तःस्फुटित (इम्प्लोजिव) ध्वनियों के लिए सिंधी अन्य भारतीय भाषाओं से अलग है। ग, ज, द, ब के खास उच्चारण मुँह बन्द करके किये जाते हैं। 'द' को इस तरह बोलने से 'ड' हो जाता है।

सिंधी में अन्तिम 'उ' का पूरा उच्चारण नहीं होता। 'उ' का अ्' बन जाता है। 'इ' का उच्चारण ह्रस्व 'ए' की तरह होता है।

सिंधी से हिन्दी शिक्षक एक पुस्तक है। कोश नहीं है। कुछ कहानियों के संग्रह के अलावा बहुत कम पुस्तकें अनूदित हुई हैं।

●●●

SINDHI

Sindhi is a language recently added to the list of Indian languages in the Indian constitution. According to the 1961 Census the speakers of this language are 1.3 millions.

Sindhi is derived from Vrachad Prakrit. Arabic has also helped in its making. Its alphabet is like Arabic Persian; though some books in modern Sindhi are also published in Devanagari. In the poets in old Sindhi Shah Abdul Latif, Sami and Sachal are the famous Sufi saints. The folk tale of Sohani-Mahiwal is also very well-known. Amongst moderns Amardinomal are Lekhraj Ajij did good work.

Sindhi is different from other Indian languages in respect of implosived. Like 'G' 'J' 'D' 'B' 'D' when pronounced with closed lips becomes 'D'.

The last 'U' in Sindhi is not full pronounced. 'U' becomes short 'A'. 'EE' is like short 'Aye'.

There is a Sindhi-Hindi teacher. No dictionary Except a few short stories; very little is translated.

●●●

हिन्दी-अंग्रेजी उच्चारण	सिंधी उच्चारण
1. यहाँ होटल किधर है? Where is the hotel?	होटल किथे आहे? Hotel kithe ahe?
2. क्या इस होटल में जगह खाली है? Is there any accommodation in the hotel?	हिन होटल में रहण जी जगह खाली आहे? Hin hotel men rahan ji jagah khali ahe?
3. जी हाँ। Yes, sir.	हाँ। Han.
4. जी, नहीं। No, sir.	न। Na.
5. अन्दर आइये। Come in.	अन्दरि अचो। Andari acho.
6. ओह! आइये, बैठिये। Hallo, come in, be seated.	आओ, अचो, विहो। Aao, acho, viho.
7. आपको क्या चाहिए? What do you want?	तव्हां खे छा खपे? Tavhan khe chha khape?
8. आपका नाम क्या है? What is your name?	तव्हाँ जो नालो छा आहे? Tavhan jo nalo chha ahe?
9. नमस्ते आप कैसे हैं? Namaste, How do you do?	राम राम ! कहिडो हालु आहे? Ram ram! kahido halu ahe?
10. मैं अच्छा हूँ I am fine	ठीक आहे। Thik ahe.
11. मेरा नाम ... है My name is...	मुँहिजो नालो ... आहे। Munhijo nalo...ahe.
12. आप क्या काम करते हैं? What is your business?	तव्हीं केहड़ों धन्धे कन्दा आहियो? Tavhin kehado dhandho kanda ahiyo?
13. आप कहाँ के रहने वाले हैं? Where do you reside?	तव्हीं किये रहंदा आहियो? Tavhin kiye rahanda ahiyo?
14. शहर का नाम क्या है? What is the name of the town?	शहर जो नालो केहडो आहे? Shahar jo nalo kehdo ahe?
15. नगर का नाम ... है। The name of the town is...	हिन शहर जो नालो ...। Hin shahar jo nalo...
16. आप यहाँ कब आये?	तव्हीं हिते कदहिं आया?

हिन्दी-अंग्रेजी	सिंधी
When did you come here?	Tanvin hite kadahin aya?
17. आपकी उम्र क्या है?	तव्हाँजी उमिरि केत्री आहे?
How old are you?	Tanvaji umiri ketri ahe?
18. आपका घर कहाँ है?	तव्हां जो घरु किथे आहे?
Where is your house?	Tanvan jo gharu kitthe ahe?
19. यह फार्म लीजिये और भर कर दीजिए।	ही फार्मु खणो ऐं भरे दियो।
Take this form and fill it.	Hi formu khano ain bhare diyo.
20. आप एक दिन का क्या लेते हैं?	तव्हीं रोज जो घणों वठंदा आहियो?
What is the daily charge?	Tanvin roz jo ghano vathanda ahiyo?
21. इस कमरे का किराया क्या है?	हिन कमरे जी मसवाड़ केत्री आहे?
What is the rent of this room?	Hin kamre ji masvad ketri ahe?
22. आप कैसा भोजन देते हैं?	कहिड़ो खाधो दींदा आहियो?
What Kind of food do you serve?	Kahido khadho dinda ahiyo?
23. शाकाहारी या मांसाहारी?	वेषणू या माँसवारो?
Vegetarian or non-vegetarain?	Veshnu ya mansvaro?
24. दोनों।	बई।
Both.	Bai.
25. सामने के कमरे में जाइये।	साम्हूँ अवारे कमरे में वैजों।
Go to the front room.	Samhun avare kamre men vanjno.
26. जो चाहे माँग लीजिये।	जे की खाये सो बुरो।
Ask for whatever you want.	Je ki khaye so buro.
27. क्या आप मुझे थोड़ा पानी देंगे?	थोरो पाणी प्यारींदा?
Will you get me some water?	Thoro pani pyarinda?
28. आप वहाँ आइये।	त्वहीं हुते अचजो।
You come there.	Tvahin hute achajo.
29. खाना लाओ।	रोटी खणी अचु।
Bring the food.	Roti khani achu.
30. कपड़े धोओ।	कपड़ा धोउ।
Wash the clothes.	Kapada dhou.
31. चिट्ठी लेटर-बक्स में डालो।	हीउ खत पोस्ट जे दबे में विझजो।
Post these letters.	Hiu khat post je dabe men vijhajo.

हिन्दी-अंग्रेजी	सिंधी
32. मैं यह भाषा जानता हूँ।	माँ हीअ बोली जाणा।
I know this language.	Man hia boli jana.
33. मैं यह भाषा नहीं जानता हूँ।	माँ हीअ बोली को न जाणिया।
I do not know this language.	Man hia boli ko na jania.
34. यह चेक भुनाना है।	हीउ चेकु मटाइणो आहे।
This cheque is to be cashed.	Hiu cheku mataino ahe.
35. मुझे ट्रंक काल करना है।	मूँखे ट्रंक कालु करणो आहे।
I want to book a trunk call.	Munkhe trank kalu karano ahe.
36. चाय पिओ।	चाँहि पीओं।
Have some tea.	Chahin pion.
37. आइये, हम चाय पियें।	अच्चो हल्ली चाँहि पीउँ।
Come, let's have tea.	Achcho halli chahin piun.
38. क्षमा करें, मैंने अभी चाय पी है।	माफ कयो अज्ञां हने चाँहिं पीती अथम्।
Excuse me, I have just had my tea.	Maf kayo ajna hane chahin piti atham.
39. क्या आप सिगरेट पियेंगे?	सिगरेट पियन्दा?
Would you like to smoke?	Sigaret piyanda?
40. नहीं, मैं सिंगरेट नहीं पीता।	न, माँ न पियंदो आहियाँ।
Sorry, I don't smoke.	Na, man na piyando ahiyan.
41. यहाँ पेशाबघर कहाँ है?	हिथे पेशाबु घरू किथे आहे?
Where is the public toilet?	Hithe peshabu gharu kithe ahe?
42. जल्दी करो।	जल्दी करियो।
Make haste.	Jaldi kariyo.
43. गाड़ी किस प्लेटफार्म पर आयेगी?	गादी कडिडे प्लेटफार्म ते ईंदी?
What platform will the train be coming on?	Gadi kadide platform te indi ?
44. यहाँ गाड़ी कितनी देर ठहरती है?	हिते गादी घणों वक्त बिहंदी?
How long will the train stop here?	Hiti gadi ghano vakt bihandi?
45. गठरी उठाओ।	गठरी खणु।
Pick up the bundle.	Gathadi khanu.
46. ऐ कुली, सामान उठाओ।	ए कुली सामानु खणु।
Porter, take the luggage.	E kuli samanu khanu.

हिन्दी-अंग्रेजी	सिंधी
47. नम्बर क्या है?	नम्बर छा अथई?
What is your number?	Nambaru chha athai?
48. वेटिंगरूम (प्रतीक्षालय) कहाँ है?	वेटिंगरूम किथे आहे?
Where is the waiting room?	Waiting room kithe ahe?
49. थोड़ी देर बैठिये।	थोरो वक्तु बिहो।
Be seated for a while.	Thoro waktu biho?
50. थोड़ी देर ठहरो।	थोरो वक्तु तरसो।
Wait a bit.	Thoro vaktu taraso.
51. मैं आपकी राह देखूँगा।	मा तव्हाँ लाइं तरसंदुसि
I shall wait for you.	Ma tavhan lain tarsandusi.
52. मेरी राह मत देखना।	मुँहि जो इन्तजारु न कजो।
Please don't wait for me.	Munhi jo intajaru na kajo.
53. आप कहाँ जा रहे हैं?	तव्हाँ खे केदहाँ वञणो आहे?
Where are you going?	Tanva khe kedahan vanjano ahe?
54. रास्ता बताओ।	रस्तो डेखा रियो।
Show the way.	Rasto dekha rio.
55. क्या कोई सवारी। जल्दी मिल सकेगी?	वेझड़ाई में का सुआरी मिलन्दि?
Is there any conveyance readily available?	Vezadai men ka suari milandi?
56. यह बस कहाँ जाती है?	हीअ बसि केदहाँ वेंदी?
Where does this bus go?	Hia basi kedahan vendi?
57. आपके कितने पैसे हुए?	तव्हां जा घणा पैसा थिया?
What is your bill?	Tavan ja ghana paisa thiya?
58. इस चीज का दाम क्या है?	हीन शैजी कीमत घणी आहे?
What is the price of this thing?	Hin shaiji kimat ghani ahe?
59. यहाँ से बाजार कितनी दूर है?	हितो बाजार केत्री पर आहे?
How far is the market?	Hito bazar ketri pare ahe?
60 बहुत दूर।	तमाम परे आहे।
It is quite distant.	Tamam pare ahe .
61. मुझे टैक्सी कहाँ मिलेगी?	मूँखे टॅक्सी किथो मिलन्दी?
Where can I get a taxi?	Munkhe taxi kitho milandi?

हिन्दी-अंग्रेजी	सिंधी
62. अगले मोड़ पर।	बीअ कुन्डते।
At the next crossing.	Bia kundate.
63. क्या लोगे?	घणो वठन्दे?
How much will you take?	Ghano vathande?
64. मेरे पास रेजगारी नहीं है।	मूँ वटि रेजो कोन्हें।
Sorry, I don't have any change.	Mun vati rezo konhe.
65. नहीं, इतने में पूरा नहीं पड़ता।	न सांई, पूरो कोन थो पए।
Sorry, I can't afford it.	Na saini, puro kon tho paye.
66. क्या माल अच्छा है न?	माल सुठो आहे न?
Is the stuff alright?	Mal sutho ahe na?
67. रंग पक्का है न?	रंग त पक्को आहे न?
Is the colour fast?	Rang ta pakko ahe na?
68. हाँ, हाँ जरूर।	हाँ, हाँ, जरूर।
Certainly.	Han, han, zarur.
69. एक गज का क्या दाम है?	वालु केत्रे था दियो?
How Much per yard?	Valu ketre tha diyo?
70. देखिये, बाहर कौन आया है?	डिस, बाहिरि केर आयो आहे?
Go look, someone is at the door?	Dis, bahiri ker ayo ahe?
71. क्या काम है?	केहिड़ो कमु आहे?
What is the work?	Kehido kamu ahe?
72. क्षमा कीजिये, मैंने आपके काम में खलल डाला।	माफ कजो, मूँ तव्हाँजे कम्म में रँड़क विधी।
Excuse me, I have disturbed you.	Maf kajo, mun tanvaje kamm men randak vidhi.
73. आपको उनसे कोई काम है?	को कमु हो छा?
Have you any business with him?	Ko kamu ho chha?
74. खुद उनसे मिलना चाहता हूँ।	रूबरू कमु आहे।
I want to see him personally.	Rubaru kammu ahe.
75. कहिये कैसे क्या चल रहा है?	बुधायो कहिड़ो हालु आहे?
How is everything?	Budhayo kahido halu ahe?
76. उसने मुझे यह समाचार सुनाया।	हनु मूँखे हीअ खबर दिनी।

हिन्दी-अंग्रेजी	सिंधी
He gave me the news.	Hnu munkhe hia khabar dini.
77. आपका स्वर बहुत मीठा है।	तुहिंजो गलो दाढो मिठो आहे।
Your voice is very sweet.	Tuhinjo galo dadho mitho ahe.
78. एक गाना गाइये न।	को रागु बुधायो।
Please sing a song.	Ko ragu budhayo.
79. मैं गाना नहीं जानता।	मूखे गाइण कोन ईंदो आहे।
I can't sing.	Mukhe gain kon indo ahe.
80. एक बार कोशिश तो कीजिये।	हिक भेरो कोशिश त करियो।
There is no harm in trying once.	Hik bhero koshish ta karioy.
81. आपके पास कोई आया था?	तव्हाँ वटि को आयो हो?
Someone had come to see you?	Tanva vati ko ayo ho?
82. वह मेरा पड़ोसी है।	हीउ मुँहिजो पाडेसरी आहे।
He is my neighbour.	Hiu munhijo padesari ahe.
83. कितने दिन की छुट्टी लेनी पड़ेगी?	केत्रां दींह मोकल वठिणी पवन्दी?
For how many days shall I remain on leave?	Ketra dinh mokal vathini pavandi?
84. मैं पिछले कई दिन से बीमार था।	माँ गुजरियल कुझ दींह बीमारु होसि।
I was ill for last few days.	Man gujariyal kuz dinh bimaru hosi.
85. मैं आज से एक महीने की छुट्टी पर हूँ।	माँ अजखाँ महिनो मोकलते आहियाँ।
I am on leave for a month from today.	Man ajkhan mahino mokalate ahiyan.
86. मेरे लिए कुछ अच्छी पुस्तकें भेजो।	मुहिंजे लाइ कुज्झु सुठा किताब मोकिलि।
Send some good books for me.	Munhije lai kujzu sutha kitab mokili.
87. मैं आपको अपना फोटो भेजूँगा।	माँ तोथे पहिंजो फोटो मोकलिंदुसि।
I will send you my photograph.	Man tothe pahinjo photo mokalindusi.
88. बाद में थोड़ा आराम कीजिये।	तेंह खाँ पोइ थोरो आरामु वठिवोजो।
Take a little rest after that.	Tenh khan poi thoro aramu vathiju.
89. गुस्सा न कीजिये।	कावड़ न करियो।
Don't be angry.	Kavad na kario.
90. डरो मत।	ड्रिज न।
Don't be afraid.	Drij na.

11
कश्मीरी

कश्मीरी भाषा के बोलने वाले उन्नीस लाख (1,956,915) बताये गए हैं। उनमें 8,76,000 डोगरी भाषा-भाषी शामिल हैं। इस भाषा का प्राचीन साहित्य शारदा लिपि और संस्कृत में था; बाद में फारसी में बहुत-सा साहित्य लिखा गया। कश्मीरी में लल्द्येद्, हबा खातून, अरणिमाल जैसी कवयित्रियाँ और प्रकाशराम, मास्टरजी और महजूर जैसे कवि हुए हैं। कश्मीरी नस्तालीक और नागरी दोनों में लिखी जाती है।

इस भाषा का उच्चारण सबसे अलग है, चूँकि इसकी ध्वनियाँ ही भिन्न हैं। स्वरों में अ का उच्चारण तीन तरह से होता है। 'उ' और 'ऊ' को होठों को गोल बनाकर उच्चारित किया जाता है। यह फ्रेंच 'ई' के उच्चारण जैसा होता है। 'ओ' का ह्रस्व रूप भी होता है।

च का उच्चारण 'च' और 'स' के मिश्रित रूप में, और 'छ' का 'छ' और 'स' के मिश्रित रूप में किया जाता है। अकसर शब्द हलन्त होते हैं। कश्मीरी की शब्दावली में एक ओर वैदिक संस्कृत और ठेठ फारसी के साथ-साथ ठेठ लहँदा और तिब्बती शब्द भी मिल जाते हैं।

कश्मीरी से हिन्दी में एक भी शिक्षक पुस्तक नहीं, न कोश, न किसी ग्रन्थ का कोई अनुवाद ही छपा है।

KASHMIRI

It is estimated that Kashmiri speaking people are nearly one million. Out of them 8,76,000 are Dogari speaking persons. Its ancient literature was in Sharda script. Later on lot of literature was composed in Persian. In Kashmiri Lalla Dyed,Haba Khatoon, Aranimal were the poetesses and Prakashram, Masterji and Mehjur were the poets. Kashmiri is written both in Nastalik and Nagari.

Its pronunciation is very different from other Indian languages. As its sound-patterns are different, the vowel 'A' has three pronunciation. 'U' and 'Oo' are pronounced by rounding the lips like French 'E'. 'O' has a shortened form.

'Ch' is a mixed form of 'ch' and 'S' and 'chh' as 'chh' and 'S'. Generally the letters are abbreviated. Kashmiri words have pure Vaidic Sanskrit and Persian ones and also Lehanda and Tibbati terms.

There is no single language teachers from Kashmiri to Hindi, no dictionary nor any translation.

●●●

हिन्दी-अंग्रेजी उच्चारण	कश्मीरी उच्चारण
1. यहाँ होटल किधर है? Where is the hotel?	होटल कय्ति छु एति? Hotal kayati chhu eti?
2. क्या इस होटल में जगह खाली है? Is there any accommodation in the hotel?	यथ् होटलस् मंज् छा काँह कम्रूँ खाली? Yath hotalas manz chha kanh kamru kha' li?
3. जी हाँ। Yes, sir.	अहं सा'। Ahan sa.
4. जी, नहीं। No, sir.	न सा'। Na sa.
5. अन्दर आइये। Come in.	अंदर अछ्। Andar achh.
6. ओह! आइये, बैठिये। Hallo, come in, be seated.	ओहो ! 'व' लिव् विहिव्। Oho va'liv vihiv.
7. आपको क्या चाहिए? What do you want?	क्या गछिवु? Kya gachhivu?
8. आपका नाम क्या है? What is your name?	त्वहि क्याह्, छु नाव? Tvahi kyah chhu nav?
9. नमस्ते, आप कैसे हैं? Namaste, how do you do?	आदाब अर्ज ! बारय् छिवु सा? Adab arz ! barray chhivu sa?
10. मैं अच्छा हूँ। I am fine.	अहन् सा' वारय। Ahan sa varay.
11. मेरा नाम...है। My name is..	मे छु नाव... Me chhu nav...
12. आप क्या काम करते हैं? What is your business?	तोह्य क्या छिवु करान्? Tohy kya chhivu karan?
13. आप कहाँ के रहने वाले हैं? Where do you reside?	तोह्य कति छिवु रोजान? Toho kati chhivu rozan?
14. शहर का नाम क्या है? What is the name of the town?	यथ् शहरस् क्या छु नाव? Yath shaharas kya chhu nav?
15. नगर का नाम...है। The name of the town is...	यथ् शहरस् छु नाव... Yath shaharas chhu nav...
16. आप यहाँ कब आये?	तोह्य कर आवु योर्?

हिन्दी-अंग्रेजी	कश्मीरी
When did you come here?	Tohy kar avu yor?
17. आपकी उम्र क्या है?	त्वहि क्या छवु वाँ' स्?
How old are you?	Tvahi kya chhavu yan's?
18. आपका घर कहाँ है?	गरू कति छुवुँ?
Where is your house?	Garu kati chhuvun?
19. यह फार्म लीजिये और भर कर दीजिए।	हु फार्मु खणो ऐं भरे दियो।
Take this form and fill it.	Hu formu khano ain bhare diyo.
20. आप एक दिन का क्या लेते हैं?	द्वहस् क्याह् छिवु तोह्य हेवान्?
What is the daily charge?	Dvahas kyah chhivu tohy hevan?
21. इस कमरे का किराया क्या है?	यथ् कमरस क्या छु किराय्?
What is the rent of this room?	Yath kamras kya chhu kiray?
22. आप कैसा भोजन देते हैं?	तोहि क्याह् क्याह् खानु छिव दिवान्?
What Kind of food do you serve?	Tohi kyah kyah khanu chhivu divan?
23. शाकाहारी या मांसाहारी?	सब्जी किनु माज?
Vegetarian or non-vegetarain?	Sabzi kinu maz?
24. दोनों।	द्वशवय्।
Both.	Dvashvay.
25. सामने के कमरे में जाइये।	ब्रोंह् कनि किस् कमरस् गछिव।
Go to the front room.	Bronh kani kis kamras gachhiv.
26. जो चाहे माँग लीजिये।	यि गछिवु मंगज्यव्।
Ask for whatever you want.	Yi gachhivu mangazyav.
27. क्या आप मुझे थोड़ा पानी देंगे?	त्रेशि गोला बन्या?
Will you get me some water?	Treshi gola banya?
28. आप वहाँ आइये।	त्वहि वात्य् ज्यव् तोर्।
You come there.	Tvahi vaty zyav tor.
29. खाना लाओ।	बतु अन्।
Bring the food.	Batu an.
30. कपड़े धोओ।	पलव् छल।
Wash the clothes.	Palav chhal.
31. चिट्ठी लेटर-बक्स में डालो।	यि चिठय् त्राव् ल्येटर बक्सस्।
Post these letters.	Yi chitthy trav lyetar basksa.

हिन्दी-अंग्रेजी	कश्मीरी
32. मैं यह भाषा जानता हूँ।	बु जानु यि जबान।
I know this language.	Bu zanu yi zaban.
33. मैं यह भाषा नहीं जानता हूँ।	बु जानु नि यि जबान।
I do not know this language.	Bu zanu ni yi zaban.
34. यह चेक भुनाना है।	यि चेक छम् कडुञप।
This cheque is to be cashed.	Yi chech chham kandjnpa.
35. मुझे ट्रंक काल करना है।	मे छु ट्रंक काल करुन।
I want to book a trunk call.	Me Chhu trunk Kal karun.
36. चाय पिओ।	चाय् चे।
Have some tea.	Chay che.
37. आइये, हम चाय पियें।	पकिव्, चाय् चम्व।
Come, let's have tea.	Pakiv chay chamva.
38. क्षमा करें, मैंने अभी चाय पी है।	माफ थविन्, वञ वुञ्न चेयि।
Excuse me, I have just had my tea.	Maf thavin, vunjn vunjn cheyi.
39. क्या आप सिगरेट पियेंगे?	तमोक चेयिवु?
Would you like to smoke?	Tamok cheyivu?
40. नहीं, मैं सिगरेट नहीं पीता।	न सा' बुछुस् न चवान्।
Sorry, I don't smoke.	Na sa' buchhus na chavan.
41. यहाँ पेशाबघर कहाँ है?	येति कति छु पिशाबखानु?
Where is the public toilet?	Yeti kati chhu pishabkhana?
42. जल्दी करो।	जल् कर्।
Make haste.	Jal kar.
43. गाड़ी किस प्लेटफार्म पर आयेगी	गाड्य कथ् प्लटफॉर्मस् पेट यियि?
What platform will the train be coming on?	Gadya kath platforms pet yiyi?
44. यहाँ गाड़ी कितनी देर ठहरती है?	यति कूतिस कालस् ठहरि गाडय?
How long will the train stop here?	Yati kutis kalas thahari gady?
45. गठरी उठाओ।	फुटुज् तुल्।
Pick up the bundle.	Futuj tul.
46. ऐ कुली, सामान उठाओ	ए कुली, सामानु तुल।
Porter, take the luggage.	E kuli, samanu tul.

हिन्दी-अंग्रेजी	कश्मीरी
47. नम्बर क्या है?	नम्बर क्या छुस्?
What is your number?	Nambar kya chhus?
48. वेटिंगरूम (प्रतीक्षालय) कहाँ है?	वेटिंगरूम कति छु?
Where is the waiting room?	Waiting room kati chhu?
49. थोड़ी देर बैठिये।	बिहिव् रछा।
Be seated for a while.	Bihiv rachha .
50. थोड़ी देर ठहरो।	जरा रोज।
Wait a bit.	Zara roz.
51. मैं आपकी राह देखूँगा।	बुछुस् वु प्रारान।
I shall wait for you.	Buchhus vu praran.
52. मेरी राह मत देखना।	मे गछि नु प्रारुन्।
Please, don't wait for me.	Me gachhi nu prarun .
53. आप कहाँ जा रहे हैं?	त्वहि कोछ् छु गछन?
Where are you going?	Tvahi kochhu chhu gachhan?
54. रास्ता बताओ।	वथ् हाव्।
Show the way.	Vath hav.
55. क्या कोई सवारी जल्दी मिल सकेगी?	काँह्, सवार्या बन्या जल् जल्?
Is there any conveyance readily available?	Kanh sava'rya banya jal jal?
56. यह बस कहाँ जाती है?	यि बस् कोत छे गछान्?
Where does this bus go?	Yi bas kot chhe gachhan?
57. आपके कितने पैसे हुए?	का' त्य पाँ' सु वा' त्य्?
What is your bill?	Ka' ty Pan' su va' tya?
58. इस चीज के दाम क्या हैं?	यथ् क्या सा' छुम्वल्?
What is the price of this thing?	Yath kya sa chhumval ?
59. यहाँ से बाजार कितनी दूर है?	बाजार कूत् दूर छु येति प्ये ठु?
How far is the market?	Bazar kut dur chhu yeti pya thu?
60 बहुत दूर।	ह्योठा दूर।
It is quite distant.	Hyotha dur.
61. मुझे टैक्सी कहाँ मिलेगी?	टैक्सी कति मेल्यम्?
Where can I get a taxi?	Taxi kati melyam?
62. अगले मोड़ पर।	हुत् अन्दस् कुन्।

हिन्दी-अंग्रेजी	कश्मीरी
At the next crossing.	Hut andas kun.
63. क्या लोगे?	क्या हख्?
How much will you take?	Kya hakh?
64. मेरे पास रेजगारी नहीं है।	फुटुवोट छुम न वोट।
Sorry, I don't have any change.	Phutuvot chhum na vot.
65. नहीं, इतने में पूरा नहीं पड़ता।	न, न वार छुम् नु।
Sorry, I can't afford it.	Na, na var chhum nu.
66. क्या माल अच्छा है न?	माल् छा जानुय्?
Is the stuff alright?	Mal chha januy?
67. रंग पक्का है न?	रंग छ पकु?
Is the colour fast?	Rang chh paku?
68. हाँ, हाँ जरूर।	क्याजि नु, जरूर।
Certainly.	Kyaji nu, zarur.
69. एक गज का क्या दाम है?	गज कह्या छु?
How Much per yard?	Gaz kahya chhu?
70. देखिये, बाहर कौन आया है?	वुछिव् नेबरु कुस छु आमुत्?
Go look, someone is at the door?	Vuchhiv nebaru kus chhu amut?
71. क्या काम है?	क्या कामि हिश्?
What is the work?	Kya kami hish?
72. क्षमा कीजिये, मैंने आपके काम में खलल डाला।	माफ थाविव्, मे कोरमव् कामिहर्ज।
Excuse me, I have disturbed you.	Maf thaviv, me kormav kami harj.
73. आपको उनसे कोई काम है?	का' म् आ' सुवु केंह?
Have you any business with him?	Ka'm a'suvu' kenh?
74. खुद उनसे मिलना चाहता हूँ।	तिमनुय छुम् सम्खुन।
I want to see him personally.	Timnuy chhum samkhun.
75. कहिये कैसे क्या चल रहा है?	वनिव्, दलीलाह?
How is everything?	Vaniv, delilah?
76. उसने मुझे यह समाचार सुनाया।	तम्य बोज नोवुस बुयि शेछ।
He gave me the news.	Tamy boz novus buyi shechh.
77. आपका स्वर बहुत मीठा है।	होट छुवु मोदुर।

हिन्दी-अंग्रेजी	कश्मीरी
Your voice is very sweet.	Hot chhuvu modur.
78. एक गाना गाइये न।	ग्यवन् हना बोजु ना विवना।
Please! sing a song.	Gyavan hana bozu na vivna.
79. मैं गाना नहीं जानता।	बु न सा' जान ग्यवुन।
I can't sing.	Bu na sa zan gyavun.
80. एक बार कोशिश तो कीजिये।	आकिलटि कर्यतव् कशिशा।
There is no harm in trying once.	Akilati karyatv kasisha.
81. आपके पास कोई आया था।	कुस्ताम् ओसुवु आमुत?
Someone had come to see you.	Kustam osuvu amut?
82. वह मेरा पड़ोसी है।	सु छुम् हमसाय्।
He is my neighbour.	Su chhum hamsay.
83. कितने दिन की छुट्टी लेनी पड़ेगी?	कचन् द्वहन् पेयम् वोंखसत् ह्योन्?
For how many days shall I remain on leave?	Kachan dvahan peyam vokhsat hyon?
84. मैं पिछले कई दिन बीमार था।	पति मेन केच्चन द्वहन् रूदुस बु बेमार।
I was ill for last few days.	Pati men kechchan dvahan rudus bu bemar.
85. मैं आज से एक महीने की छुट्टी पर हूँ।	अज कि पेटु छुस् बु अकिस र्यतस् वंखसत।
I am on leave for a month from today.	Aj ki petu chhus bu akis ryatas ravakhsat.
86. मेरे लिए कुछ अच्छी पुस्तकें भेजो।	में सोज केंह जान् किताब।
Send some good books for me.	Me soz kenh jan kitab.
87. मैं आपको अपना फोटो भेजूँगा।	बु सोजोवु पनुन फोटू।
I will send you my photograph.	Bu sozovu penun photu.
88. बाद में थोड़ा आराम कीजिये।	पतु गाछि आराम हना करुञ्ज।
Take a little rest after that.	Patu gachhi aram hana karunjn.
89. गुस्सा न कीजिये।	चखु मु खार्।
Don't be angry.	Chakh mu khar.
90. डरो मत।	खोच् मु।
Don't be afraid.	Khoch mu.

12
पंजाबी

पंजाबी पंजाब सूबे की जबान है और 1961 की जनगणना में इसके बोलने वाले एक करोड़ (1,09,50,826) लोग थे। इसके प्राचीन साहित्य में, जो गुरमुखी लिपि में मिलता है, 'गुरुग्रंथसाहब' और 'हीर-राँझा' की लोक-गाथा प्रधान है। आधुनिक काल में भाई वीरसिंह और धनीराम चात्रक और जीवित लेखकों में नानकसिंह, मोहनसिंह, अमृता प्रीतम बड़े लेखक हुए। इस साहित्य में बहुत सप्राण लोकगीत भी हैं।

पंजाबी में प्रथम सघोष वर्ण को अघोष जैसे 'भगवान' को 'पह्गवान' बोलने की और 'न' को 'ण' बोलने की पद्धति है। प्रथम 'र' युक्त संयुक्ताक्षर को तोड़कर बोला जाता है। जैसे 'प्रकाश' को 'परकाश' या 'कृष्ण' को किरशन'। पंजाबी में अन्तिम वर्गों तक द्वित्त्व का कुछ असर बोलियों में पाया जाता है। हरियाणवी में 'गाड़ी' को 'गड्डी' या 'ऊपर' को 'उप्पर' कहते हैं, उसी तरह।

यह हिन्दी और उर्दू से बहुत निकट की भाषा है। फिर भी हिन्दी में पंजाबी पढ़ने की किताब तो है पर कोई अच्छा पंजाबी-हिन्दी कोश नहीं। अनुवाद काफी हुए हैं। प्रायः सारा अच्छा पंजाबी साहित्य हिन्दी में मिल जाता है।

●●●

PUNJABI

Punjabi is spoken in the state of Punjab and according to 1961 census, the Punjabi speaking people are 10 million. In old Punjabi literature, which is in Gurumukhi script, Guru Granth Sahib and Hir-Ranjha are famous. In modern period Bhai Vir Singh and Dhaniram Chatrak and in living writers Nanak Singh, Mohan Singh,' Amrita Pritam are distinguished writers. There are very powerful folk-songs in this language.

The first aspirated consonent is pronounced as unaspirated in Punjabi, e.g. 'Bhagwan' would be pronounced as 'P-hagwan'. 'N' is pronounced as 'N'. If the first letter has 'R' with it in a compound letter, it is pronounced as a separate one, e.g. 'Prakash' becomes 'Parkash or 'Krishna' as 'Kirshan'. In some dialects the last letter becomes duplicated e.g. in Hariyanvi 'Gadi' becomes 'Gaddi' or 'Upar' is 'Uppar'.

It is a language close to Hindi and Urdu. Though there is a Punjabi teaching book in Hindi yet there is no Punjabi-Hindi dictionary. There have been many translations from Punjabi. Best of the Punjabi literatures are available in Hindi.

●●●

हिन्दी-अंग्रेजी उच्चारण	पंजाबी उच्चारण
1. यहाँ होटल किधर है? Where is the hotel?	इत्थे होटल कित्थे है? Itthe hotal kitthe hai?
2. क्या इस होटल में जगह खाली है? Is there any accommodation in the hotel?	की इस होटल विच रँहेणनुँ जगह मिल जावेगी? Ki is hotal vich ryhenanu jagah mil javegi?
3. जी हाँ। Yes, sir.	हां। Han .
4. जी, नहीं। No, sir.	नहीं। Nahin.
5. अन्दर आइये। Come in.	अन्दर आओ। Andar aao.
6. ओह! आइये, बैठिये। Hallo, come in, be seated.	ओहो ! आओ, बैठो। Oho, aao baitho.
7. आपको क्या चाहिए? What do you want?	तुसी की चाहंदे हो? Tusi ki chahande ho?
8. आपका नाम क्या है? What is your name?	तुहाडा की ना है? Tuhada ki na hai?
9. नमस्ते, आप कैसे हैं? Namaste, How do you do?	सतश्री अकाल ! सुणा की हाल है? Satshri akal, suna ki hal hai?
10. मैं अच्छा हूँ। I am fine.	बहुत चंगा। Bahut changa.
11. मेरा नाम ... है। My name is..	मेरा नाम ... है जी। Mera nam...hai ji.
12. आप क्या काम करते हैं? What is your business?	तुसी की कम्म करदे हो? Tusin ki kamm karde ho?
13. आप कहाँ के रहने वाले हैं? Where do you reside?	तुसीं कित्थे रहनदे हो? Tusin kitthe rahande ho?
14. शहर का नाम क्या है? What is the name of the town?	शहेर दा की ना है? Shaher da ki na hai?
15. नगर का नाम ... है The name of the town is...	एस शहेर दा ना ... Is shaher da na...

हिन्दी-अंग्रेजी	पंजाबी
16. आप यहाँ कब आये?	तुसी इत्थे कदों आये?
When did you come here?	Tusi itthe kadon aye?
17. आपकी उम्र क्या है?	तुहाडी उमर की ए?
How old are you?	Tuhadi umar ki ai?
18. आपका घर कहाँ है?	तुहाडा घर कित्थे ए?
Where is your house?	Tuhada ghar kitthe ai?
19. यह फार्म लीजिये और भर कर दीजिए।	फार्म ले लो ते भर देओ।
Take this form and fill it.	Form le lo te bhar deo.
20. आप एक दिन का क्या लेते हैं?	इक दिन दा तुसी की लवोगे?
What is the daily charge?	Ik din da tusi ki lavoge?
21. इस कमरे का किराया क्या है?	इस कमरे दा की किराया ए?
What is the rent of this room?	Is kamre da ki kiraya ai?
22. आप कैसा भोजन देते हैं?	तुसी खाणनु की देओगे?
What Kind of food do you serve?	Tusi khananun ki deoge?
23. शाकाहारी या मांसाहारी?	वैष्णु जा मांसहारी?
Vegetarian or non-vegetarain?	Vaishnjau manshari?
24. दोनों।	दोवें ई।
Both.	Doven ee.
25. सामने के कमरे में जाइये।	सामणे कमरे विच जाओ।
Go to the front room.	Samne kamre vich jao.
26. जो चाहे माँग लीजिये।	जो चाओ मंग लेणा।
Ask for whatever you want.	Jo chao mang lena.
27. क्या आप मुझे थोड़ा पानी देंगे?	क्यों जी तुसी थोड़ा जेहा पाणी पिलाओगे?
Will you get me some water?	Kyonji tusi thodajeha pani pilaoge?
28. आप वहाँ आइये।	तुसीं ओत्थे आवणाँ।
You come there.	Tusi otthe avanan.
29. खाना लाओ।	रोटी ले आओ।
Bring the food.	Roti le aao.
30. कपड़े धोओ।	कपड़े धोवो।
Wash the clothes.	Kapde dhovo.
31. चिट्ठी लेटर-बक्स में डालो।	ए खत लेटर बक्स विच पा देओ।

हिन्दी-अंग्रेजी	पंजाबी
Post these letters.	E khat letarbaks vich padeo.
32. मैं यह भाषा जानता हूँ।	मैं ए भाषा जाणदाँ वाँ।
I know this language.	Main e bhasha janda van.
33. मैं यह भाषा नहीं जानता हूँ।	मैं ए भाषा नहीं जाणदाँ।
I do not know this language.	Mani e bhasha nahin jandan.
34. यह चेक भुनाना है।	ए चेक तुडाणा है।
This cheque is to be cashed.	E chek tudana hai.
35. मुझे ट्रंक काल करना है।	मेनु ट्रंक काल करनी ए।
I want to book a trunk call.	Menu trank kal karni ai.
36. चाय पिओ।	चा पिओ।
Have some tea.	Cha pio.
37. आइये, हम चाय पियें।	आओ चलिये चा पीवीए।
Come, let's have tea.	Aao chaliye cha pivie.
38. क्षमा करें, मैंने अभी चाय पी है।	खिमा करनी मैं हुणे चाय पीतो ए।
Excuse me, I have just had my tea.	Khima karni, main hune chay pito hai.
39. क्या आप सिगरेट पियेंगे?	हुक्का पिओगे?
Would you like to smoke?	Hukka piyoge?
40. नहीं, मैं सिगरेट नहीं पीता।	नहीं, मैं हुक्का नहीं पींदा हाँ।
Sorry, I don't smoke.	Nihin, main hukka nahin pinda han.
41. यहाँ पेशाबघर कहाँ है?	यहाँ पेशाबखाना कित्थे है?
Where is the public toilet?	Yahan peshabkhana kitthe hai?
42. जल्दी करो।	छेती करो।
Make haste.	Chheti karo.
43. गाड़ी किस प्लेटफार्म पर आयेगी।	गड्डी किस प्लेटफार्म ते आवेगी?
What platform will the train be coming on?	Gaddi kis platform te avegi?
44. यहाँ गाड़ी कितनी देर ठहरती है?	गड्डी इत्थे किन्नी देर ठैरदी है?
How long will the train stop here?	Gaddi itthe kinni der thaiardi hai?
45. गठरी उठाओ।	पंड चुंक्को।

हिन्दी–अंग्रेजी	पंजाबी
Pick up the bundle.	Pand chukko
46. ऐ कुली, सामान उठाओ।	ओ कुली, समान चुक।
Porter, take the luggage.	O kulli, saman chuk.
47. नम्बर क्या है?	नम्बर की ऐ तेरा?
What is your number?	Nambarki ai tera?
48. वेटिंगरूम (प्रतीक्षालय) कहाँ है?	वेटिंगरूम कित्थे है।
Where is the waiting room?	Waiting room kitthe hai?
49. थोड़ी देर बैठिये।	थोड़ी देर बैठो।
Be seated for a while.	Thodi der baitho.
50. थोड़ी देर ठहरो/ठहरिए।	थोड़ी देर ठहरो।
Wait a bit.	Thodi der thahro.
51. मैं आपकी राह देखूँगा।	में तुहानुं उडिकाँगा।
I shall wait for you.	Main tuhanun udikanga.
52. मेरी राह मत देखना।	मेरी उडीक न करनी।
Please, don't wait for me.	Men udik na karni.
53. आप कहाँ जा रहे हैं?	तुसाँ कित्थे जाणा है?
Where are you going?	Tusan kitthe jana hai?
54. रास्ता बताओ।	राह दसो।
Show the way.	Rah daso.
55. क्या कोई सवारी जल्दी मिल सकेगी?	इत्थे कोई सवारी छेत्ती मिल जावेगी?
Is there any conveyance readily available?	Itthe koi savari chhetti mil javegi?
56. यह बस कहाँ जाती है?	ए बस कित्थे जाँदि है?
Where does this bus go?	E bas kitthe jandi hai?
57. आपके कितने पैसे हुए?	तुवाडे किन्ने पैसे बणे?
What is your bill?	Tuvade kinne paise bane?
58. इस चीज के दाम क्या हैं?	एस चीज दा की मुल ए?
What is the price of this thing?	Es cheez da ki mul hai?
59. यहाँ से बाजार कितनी दूर है?	इत्थों बाजार कितना दूर है?

हिन्दी–अंग्रेजी	पंजाबी
How far is the market?	Itthon bajar kitna dur hai?
60 बहुत दूर।	बहोत दूर है।
It is quite distant.	Bahot dur hai.
61. मुझे टैक्सी कहाँ मिलेगी?	मैनुँ टैक्सी कित्थों मिलेगी?
Where can I get a taxi?	Mainu taxi kitthon milegi?
62. अगले मोड़ पर।	ओस नुक्कर विच।
At the next crossing.	Os nukkar vich.
63. क्या लोगे?	की लेएँगा?
How much will you take?	Ki leyenga?
64. मेरे पास रेजगारी नहीं है।	मेरे पास भान नहीं ए।
Sorry, I don't have any change.	Mere pas bhan nahin ai.
65. नहीं, इतने में पूरा नहीं पड़ता।	नहीं, नहीं पुजदा।
Sorry, I can't afford it	Nahin, nahin pujda.
66. क्या माल अच्छा है न?	चीज़ चंगी है न?
Is the stuff alright?	Cheez changi hai na?
67. रंग पक्का है न?	रंग पक्का है न?
Is the colour fast?	Rang pakka hai na?
68. हाँ, हाँ जरूर।	हाँ हाँ जरूर।
Certainly.	Han han zarur.
69. एक गज का क्या दाम है?	गज दा की भा ए?
How Much per yard ?	Gaj da ki bha ai ?
70. देखिये, बाहर कौन आया है?	वेखो, बाहर कोण आया ए?
Go look, someone is at the door?	Vekho bahar kaun aya ai?
71. क्या काम है?	की कम्म ए?
What is the work?	Ki kamm ai?
72. क्षमा कीजिये, मैंने आपके काम में ख़लल डाला।	माफ करना, मैं तुहाड़े कम्म विच्च रोड़ा अटकाया।
Excuse me, I have disturbet you.	Maf karna main tuhade kamm vichch roda atkaya.
73. आपको उनसे कोई काम है?	की कोई कम्म ए?

हिन्दी-अंग्रेजी	पंजाबी
Have you any business with him?	Ki koi kamm hai?
74. खुद उनसे मिलना चाहता हूँ।	मैं उंनानूँ मिलणा चौंदा।
I want to see him personally.	Main unanun milna Chaunda.
75. कहिये, कैसे क्या चल रहा है?	सुणाओ, की हालचाल ए?
How is everything?	Sunao ki hal chal ai?
76. उसने मुझे यह समाचार सुनाया।	ओसे मैंनूँ ए स्नेआ दिता।
He gave me the news.	Ose mainu e sneha dita.
77. आपका स्वर बहुत मीठा है।	तुहाडा गला वड्डा मिट्ठा ए।
Your voice is very sweet.	Tuhada gala vadda mittha ai.
78. एक गाना गाइये न।	इक अध गाणा गाओना जी।
Please, sing a song.	Ek adh gana gaona ji.
79. मैं गाना नहीं जानता।	मैं गाणा नहीं जाणदा।
I can't sing.	Main gana nahin Janda.
80. एक बार कोशिश तो कीजिये।	इक बार कोशिश तो करो।
There is no harm in trying once.	Ikvar koshish to karo.
81. आपके पास कोई आया था?	तुहाडे कोल कोई आया सी?
Someone had come to see you?	Tuhade kol koi aya si.
82. वह मेरा पड़ोसी है।	ओ मेरा गवांडी है।
He is my neighbour.	O mera gavandi hai.
83. कितने दिन की छुट्टी लेनी पड़ेगी?	किन्ने दिनां दी छुट्टी लेणी पएगी?
For how many days shall I remain on leave?	Kinne dinan di chhutti leni payegi?
84. मैं पिछले कई दिन से बीमार था।	मैं पिछले कई दिनां तों बिमार सी।
I was ill for last few days.	Main pichhle kai dinan to bimar si.
85. मैं आज से एक महीने की छुट्टी पर हूँ।	मैं आज तों इक महीने दी छुट्टी उत्ते आँ।
I am on leave for a month from today.	Main aj ton ik mahine di chhutti utte an.
86. मेरे लिए कुछ अच्छी पुस्तकें भेजो।	मेरे लेइ कुछ अच्छियाँ किताबाँ घल्लो।

हिन्दी-अंग्रेजी	पंजाबी
Send some good books for me.	Mere lei kuchh aechchhiyan kitaban ghallo.
87. मैं आपको अपना फोटो भेजूँगा।	मैं तुहानूँ अपणा फोटो भेजांगा।
I will send you my photograph.	Main tuhanun apna photo bhejanga.
88. बाद में थोड़ा आराम कीजिये।	पिच्छो थोड़ी देर आराम करना।
Take a little rest after that.	Pichho thodi der aram krna.
89. गुस्सा न कीजिये।	गुस्सा ना करो।
Don't be angry.	Gussa na karo.
90. डरो मत।	डरो ना।
Don't be afraid.	Daro na.

13
उर्दू

उर्दू की उत्पत्ति 'ओर्द' नामक तुर्की शब्द से हुई जिसका मतलब था छावनी। कुछ लोग इसे ब्रजभाषा से, कुछ मेरठ-हरियाणा की बोली से, कुछ दकनी से और थोड़े से लोग पंजाबी से निकली मानते हैं। असल में यह भाषा और हिन्दी शुरू में एक ही थी। सिर्फ लिपि का भेद था। उर्दू फारसी लिपि में लिखी जाती थी, हिन्दी देवनागरी में। गयी शताब्दी में अंग्रेजों के आने के बाद दोनों भाषाओं में भेद बढ़ा। उर्दू फारसी से ज्यादा शब्द लेने लगी, हिन्दी संस्कृत से। पर अब देवनागरी हरूफों में भी उर्दू की सारी अच्छी शायरी मिल जाती है। गालिब के तो कई दीवान हिन्दी हरूफों में छपे हैं।

उर्दू भारत की सब भाषाओं में पंजाबी की तरह, बहुत नयी भाषा है। अमीर खुसरो और इंशाअल्ला खां, वली और मीर से शुरू होकर गालिब और इकबाल, हाली और चकबस्त की इस भाषा में कविता अधिक है, गद्य उतना नहीं। वैसे आजाद-कथा और प्रेमचन्द से लगाकर मन्टो, कृश्नचन्दर और राजेन्द्रसिंह बेदी तक कई उपन्यासकार और कहानीकार हुए हैं। पर लोगों की जबान पर जोश और जिगर, मजाज और फैज, फिराक और जाफरी की शायरी ही ज्यादा है।

उर्दू के उच्चारण 'अ' का 'अॅ' जैसा उच्चारण—जैसे 'वह' को 'वोह' या 'वो'—और 'तेरे' को 'तिरे' या 'में' को मिरे शायरी के वजन के मुताबिक दीर्घ को ह्रस्व करने की बात है। दो तरह की 'हे' और 'जे' उर्दू की खसूसियत (विशेषता) है। इस भाषा की खूबी मुहावरे की रंगत में है।

हिन्दी में उर्दू वर्णमाला सिखाने वाली अनेक पुस्तकें हैं। फिर भी स्वतन्त्रता के बाद हिन्दी और उर्दू दोनों के एक से अच्छे जानकर कम होते जाते हैं। कोश कई हैं। अनुवाद तो बेशुमार हैं। मगर हिन्दी से उर्दू में कम हैं। दोनों भाषाओं में दोनों साहित्यों के इतिहास मिलते हैं।

●●●

URDU

The word Urdu is derived from 'Ord', a Turkish word which meant a Camp. Some people think this language is born of Brajbhasha, others of Meerut-Hariana dialect, a few others from Dekkani and a few from Punjabi. In reality this language and Hindi were the same in the beginning. The difference was only of the script. Urdu was written in Persian and Hindi in Devanagri. In the last century after the arrival of the English, the chasm between the two languages widened. Urdu began to borrow more from Persian and Hindi from Sanskrit. But now Urdu poetry is also available in Devanagri script. There are many collections of Ghalib's poetry in Hindi alphabets.

Urdu, like Punjabi, is a relatively new language amongst other Indian languages. Begining with Amir Khusro and Insha Allaha Khan, Wali and Mir, in this language of Ghalib and Iqbal, Hali and Chakbast there is more poetry and less prose. There have been novelists and short story writers from Azad Katha and Premachand to Manto, Krishan Chander and Rajendra Singh Bedi, But people remember by heart poems of Josh and Jigar, Majaj and Faij, Firaq and Jafri.

In Urdu pronunciation 'A' is sometimes pronounced as 'Aye' (Vah is pronounced Voh or Vo). Tere' as 'Tire' and 'Mere' as' 'Mire'. Poetry also allows the long pronunciation of a vowel to become short. Two kinds of 'He' and 'Ze' are the peculiarities of Urdu. The beauty of this language lies in its idioms.

There are many books in Hindi teaching Urdu alphabet. Yet after independence, persons who have equal command on Hindi and Urdu are becoming rare. There are many dictionaries. Translations are innumerable. But very few from Hindi or Urdu. Histories of both the literatures re found in both the languages.

●●●

हिन्दी-अंग्रेजी उच्चारण	उर्दू उच्चारण
1. यहाँ होटल किधर है?	यहाँ होटल कहाँ है?
Where is the hotel?	Yahan hotel kahan hai?
2. क्या इस होटल में जगह खाली है?	क्या इस होटल में रिहायश की जगह मिल सकती है
Is there any accommodation in the hotel?	Kya is hotel men rihaish ki jagah mil sakati hai?
3. जी हाँ।	जी हाँ।
Yes, sir.	Ji, han.
4. जी, नहीं।	जी, नहीं।
No, sir.	Ji, nahin.
5. अन्दर आइये/आओ।	अन्दर आइये।
Come in.	Andar aaiye.
6. ओह! आइये, बैठिये।	ओहो ! आइये, बैठिये।
Hallo, come in, be seated.	Oho. aeeye baithiye.
7. आपको क्या चाहिए?	आप क्या चाहते हैं?
What do you want?	Ap kya chahte hain.
8. आपका नाम क्या है?	इस्मे शरीफ/आपकी तारीफ।
What is your name?	Isme sharif? /Apki traif?
9. नमस्ते, आप कैसे हैं?	आदाब अर्ज़! मिजाजे शरीफ?
Namaste, how do you do?	Adab arz, mijaze sharif?
10. मैं अच्छा हूँ।	शुक्र है, खूब अच्छा है।
I am fine.	Shukr hai, khub achchha hai.
11. मेरा नाम ... है	मेरा नाम ... है।
My name is..	Mera nam...hai
12. आप क्या काम करते हैं?	आप का पेशा?
What is your business?	Ap ka pesha?
13. आप कहाँ के रहने वाले हैं?	आपका रिहायश कहाँ है?
Where do you reside?	Ap Ki rihaish kahan hai?
14. शहर का नाम क्या है?	शहर का क्या नाम है?
What is the name of the town?	Shahar ka kya nam hai?

हिन्दी-अंग्रेजी	उर्दू
15. नगर का नाम ... है	इस शहर का नाम...है।
The name of the town is...	Is shahar ka nam...hai.
16. आप यहाँ कब आये?	आप यहाँ कब आये?
When did you come here?	Ap yahan kab aaye?
17. आपकी उम्र क्या है?	आपकी उम्र क्या है?
How old are you?	Apki umr kya hai?
18. आपका घर कहाँ है?	आपका घर कहाँ है?
Where is your house?	Apka ghar kahan hai?
19. यह फार्म लीजिये और भर कर दीजिए।	यह फार्म लीजिये और भरकर दीजिए।
Take this form and fill it.	Yah form lijiye aur bharkar dijiye.
20. आप एक दिन का क्या लेते हैं?	एक रोज के आप क्या दाम लेंगे?
What is the daily charge?	Ek roz ke ap kya dam lenge?
21. इस कमरे का किराया क्या है?	इस कमरे का क्या क़िराया है?
What is the rent of this room?	Is kamre ka kya kiraya hai?
22. आप कैसा भोजन देते हैं?	आप खाने को क्या देते हैं?
What Kind of food do you serve?	Ap Khane ko kya dete hain?
23. शाकाहारी या मांसाहारी?	सब्जीवाला या गोश्तवाला खाना?
Vegetarian or non-vegetarain?	Sabzivala ya goshtvala khana
24. दोनों।	दोनों।
Both.	Donon.
25. सामने के कमरे में जाइये।	सामने वाले कमरे में जाइये।
Go to the front room.	Samnevale kamre men jaiye.
26. जो चाहे माँग लीजिये।	जो चाहियेगा माँग लीजियेगा।
Ask for whatever you want.	Jo chahiyega mang lijiyega.
27. क्या आप मुझे थोड़ा पानी देंगे?	क्या आप मुझे थोड़ा पानी पिलायेंगे?
Will you get me some water?	Kya ap mujhe thoda pani pilayenge?
28. आप वहाँ आइये।	आप वहाँ आइये।
You come there.	Ap vahan aiye.
29. खाना लाओ।	खाना लाओ।

हिन्दी-अंग्रेजी	उर्दू
Bring the food.	Khana lao.
30. कपड़े धोओ।	कपड़े धोओ।
Wash the clothes.	Kapde dhoo.
31. यह चिट्ठी लेटर-बक्स में डालो।	यह खत लेटर बक्स में डालो।
Post these letters.	Yah khat letterbaks men dalo.
32. मैं यह भाषा जानता हूँ।	मैं यह जबान जानता हूँ।
I know this language.	Main yah zaban janta hun.
33. मैं यह भाषा नहीं जानता हूँ।	मैं यह जबान नहीं जानता।
I do not know this language.	Main yah zaban nahin janta.
34. यह चेक भुनाना है।	यह चेक तुड़ाना है।
This cheque is to be cashed.	Yah chek tudana hai.
35. मुझे ट्रंक काल करना है।	मुझे ट्रंककाल करना है।
I want to book a trunk call.	Mujhe trank kal karna hai.
36. चाय पिओ/पीजिए।	चाय पियो।
Have some tea.	Chay piyo.
37. आइये, हम चाय पियें।	आइये, हम चाय पियें।
Come, let's have tea.	Aiye, ham chay piyen.
38. क्षमा करें, मैंने अभी चाय पी है।	मुआफ कीजिये, मैंने अभी चाय पी है।
Excuse me, I have just had my tea.	Muaf kijiye, maine abhi chay pi hai.
39. क्या आप सिगरेट पियेंगे?	सिगरेट पीजियेगा?
Would you like to smoke?	Sigret pijiyega?
40. नहीं, मैं सिगरेट नहीं पीता	नहीं, मैं सिगरेट नहीं पीता।
Sorry, I don't smoke	Nahin main sigret nahin pita.
41. यहाँ पेशाबघर कहाँ है?	यहाँ पेशाबखाना कहाँ है?
Where is the public toilet?	Yahan peshaab khana kahan hai?
42. जल्दी करो।	जल्दी करो।
Make haste.	Jaldi karo.
43. गाड़ी किस प्लेटफार्म पर आयेगी?	गाड़ी किस प्लेटफार्म पर आयेगी?
What platform will the train be coming on?	Gadi kis platform par ayegi?

हिन्दी-अंग्रेजी	उर्दू
44. यहाँ गाड़ी कितनी देर ठहरती है?	गाड़ी यहाँ कितनी देर ठहरती है?
How long will the train stop here?	Gadi yahan kitni der thahrti hai?
45. गठरी उठाओ।	गठरी उठाओ।
Pick up the bundle.	Gathri uthao.
46. ऐ कुली, सामान उठाओ।	ए कुली सामान उठाओ।
Porter, take the luggage.	E kuli saman uthao.
47. नम्बर क्या है?	नम्बर क्या है?
What is your number?	Nambar kya hai?
48. वेटिंगरूम (प्रतीक्षालय) कहाँ है?	वेटिंग रूम कहाँ है?
Where is the waiting room?	Waiting room kahan hai?
49. थोड़ी देर बैठिये।	थोड़ी देर बैठिये।
Be seated for a while	Thodi der baithiye.
50. थोड़ी देर ठहरो।	थोड़ी देर ठहरिये।
Wait a bit.	Thodi der thahriye.
51. मैं आपकी राह देखूँगा।	मैं आपका इन्तजार करूँगा।
I shall wait for you.	Main apka intazar karunga.
52. मेरी राह मत देखना।	मेरा इन्तजार न करना।
Please, don't wait for me.	Mera intazar na karna
53. आप कहाँ जा रहे हैं?	आप कहाँ जाइयेगा?
Where are you going	Ap kahan jaiyega?
54. रास्ता बताओ।	रास्ता बताओ।
Show the way.	Rasta batao.
55. क्या कोई सवारी जल्दी मिल सकेगी?	क्या यहां कोई सवारी जल्दी से मिलेगी?
Is there any conveyance readily available?	Kya yahan koi savari jaldi se milegi?
56. यह बस कहाँ जाती है?	यह बस कहाँ जाती है?
Where does this bus go?	Yah bas kahan jati hai?
57. आपके कितने पैसे हुए?	आपके कितने पैसे बने?
What is your bill?	Apke kitne paise bane?

हिन्दी-अंग्रेजी	उर्दू
58. इस चीज के दाम क्या हैं?	इस चीज की क्या कीमत है?
What is the price of this thing?	Is chiz ki kya kimat hai?
59. यहाँ से बाजार कितनी दूर है,	यहाँ से बाजार कितनी दूर है?
How far is the market?	Yahan se Bazar kitni dur hai?
60 बहुत दूर।	काफी दूर है।
It is quite distant.	Kafi dur hai.
61. मुझे टैक्सी कहाँ मिलेगी?	मुझे टैक्सी कहाँ मिलेगी?
Where can I get a taxi?	Mujhe taxi kahan milegi?
62. अगले मोड़ पर।	अगले नुक्कड़ पर।
At the next crossing.	Agale nukkad par.
63. क्या लोगे?	क्या लोगे?
How much will you take?	Kya loge?
64. मेरे पास रेजगारी नहीं है।	मेरे पास रेजगारी नहीं है।
Sorry, I don't have any change.	Mere pas rezgari nahin hai.
65. नहीं, इतने में पूरा नहीं पड़ता।	नहीं, पड़ता नहीं खाता।
Sorry, I can't afford it.	Nahin, padta nahin khata.
66. क्या माल अच्छा है न?	माल अच्छा है न?
Is the stuff alright?	Mal achchha hai na?
67. रंग पक्का है न?	रंग पक्का है न?
Is the colour fast?	Rang pakka hai na?
68. हाँ, हाँ जरूर।	हाँ, हाँ जरूर।
Certainly.	Han, han, zarur.
69. एक गज का क्या दाम है?	गज का क्या दाम होगा?
How Much per yard?	Gaz ka kya dam hoga?
70. देखिये, बाहर कौन आया है?	देखिये, बाहर कौन आया है?
Go look, someone is at the door?	Dekhiye, bahar ka[illegible] aya hai?
71. क्या काम है?	क्या काम है?
What is the work?	Kya karn hai?
72. क्षमा कीजिये, मैंने आपके काम में खलल डाला।	माफ कीजिये, मैंने आपके काम में खलल डाला।

हिन्दी-अंग्रेजी	उर्दू
Excuse me, I have disturbed you.	Maf kijiye maine apke kam men khalal dala.
73. आपको उनसे कोई काम है?	आपका कोई काम था क्या?
Have you any business with him?	Apka koi kam tha kya?
74. खुद उनसे मिलना चाहता हूँ।	खुद उनसे मिलना चाहता हूँ।
I want to see him personally.	Khud unse milna chahta hun.
75. कहिये, कैसे क्या चल रहा है?	कहिये, कैसी गुजर रही है?
How is everything?	Kahiye, kaisi guzar rahi hai?
76. उसने मुझे यह समाचार सुनाया।	उसने मुझे यह खबर सुनायी।
He gave me the news.	Usne mujhe yeh khabar sunai.
77. आपका स्वर बहुत मीठा है।	आपकी आवाज बहुत सुरीली है।
Your voice is very sweet.	Apki awaz bahut surili hai.
78. एक गाना गाइये न।	जनाब एकाध गाना गाइये।
Please, sing a song.	Janab ekadh gana gaiye.
79. मैं गाना नहीं जानता।	मैं गाना नहीं जानता।
I can't sing.	Main gana nahin janta.
80. एक बार कोशिश तो कीजिये।	एक बार कोशिश तो कीजिये।
There is no harm in trying once	Ek bar koshish to kijiye.
81. आपके पास कोई आया था।	आपके पास कोई आया था?
Someone had come to see you.	Apke pas koi aya tha.
82. वह मेरा पड़ोसी है।	वह मेरा हमसाया है।
He is my neighbour.	Vah mera hmsaya hai.
83. कितने दिन की छुट्टी लेनी पड़ेगी?	कितने दिन की छुट्टी लेनी पड़ेगी?
For how many days shall I remain on leave?	Kitne din ki chhutti leni pedegi?
84. मैं पिछले कई दिन बीमार था।	मैं गजश्ता चंद रोज से बीमार था।
I was ill for last few days.	*Main guzashta chand roz se bimar tha.*
85. मैं आज से एक महीने की छुट्टी पर हूँ।	मैं आज से एक माह की छुट्टी पर हूँ।

हिन्दी-अंग्रेजी	उर्दू
I am on leave for a month from today.	Main aj se ek mah ki chutti par hun.
86. मेरे लिए कुछ अच्छी पुस्तकें भेजो।	मेरे लिए कुछ उम्दा किताबें भेजिये।
Send some good books for me.	Mere liye kuchh umda kitaben bhejiye.
87. मैं आपको अपना फोटो भेजूँगा।	मैं आपको अपनी तस्वीर भेजूँगा।
I will send you my photograph.	Main apko apni tasvir bhejunga.
88. बाद में थोड़ा आराम कीजिये।	बाद में थोड़ा आराम कीजिये।
Take a little rest after that.	Bad men thoda aram kijiye.
89. गुस्सा न कीजिये।	नाराज न होइये।
Don't be angry.	Naraz na hoiye.
90. डरो मत।	डरो मत।
Don't be afraid.	Daro mat.

14
हिन्दी

'हिन्दी' शब्द संस्कृत में या प्राचीन भारतीय साहित्य में कहीं नहीं मिलता। यह भाषा पहले 'भाषा' या 'भाखा' कहलाती थी। अमीर खुसरो अपनी रचनाओं में कई बार 'हिन्दी' और हिन्दुई शब्द का प्रयोग करता है। आज जो हिन्दी बोली या लिखी जाती है और जिसे खड़ी बोली कहते हैं, उसके उदाहरण आठवीं शती के एक ग्रन्थ में मिलते हैं। चार भाषाएँ: व्रज' (मथुरा में बोली जाने वाली और जो शौरसेनी प्राकृत कहलाती थी) 'अवधी' (अयोध्या और लखनऊ में बोली जाने वाली), 'राजस्थानी' और 'मैथिली, ऐसी हैं जिनमें पुराना हिन्दी साहित्य मिलता है। इन भाषाओं ने क्रमशः सूरदास, तुलसीदास, मीराबाई और विद्यापति नामक श्रेष्ठ कवि और भक्त दिये। कबीर अपने आप में एक अलग व्यक्तित्व हैं, उनकी भाषा में कई बोलियाँ मिली हुई हैं।

हिन्दी साहित्य का इतिहास सिद्धों के दोहाकोश में आठवीं शती से शुरू होता है। बाद में बारहवीं शती के चन्द का रासौ मिलता है। इनमें दार्शनिक दोहे, पद और वीर-गाथा है। मुसलमानों ने भी इस भाषा के विकास में बड़ा योग दिया: जायसी, रहीम, रसखान कुछ नाम हैं। मध्य युग का साहित्य या तो भक्तिपूर्ण है या श्रृंगारी दरबारी कविता से भरा है। उन्नीसवीं शती के मध्य तक गद्य विकसित नहीं हुआ था। आधुनिक नाटक, निबन्ध, पत्रकारिता के प्रथम लेखक थे, बनारस के भारतेन्दु हरिश्चंद्र। संस्कृत प्रधान हिन्दी और फारसी-उर्दू युक्त हिन्दुस्तानी के बीच जो बहस चलती रही वही कई दशाब्दियों तक चली। बीसवीं शती में 1904 में संस्थापित 'सरस्वती' के सम्पादक महावीर प्रसाद द्विवेदी ने आधुनिक गद्य शैली को एकरूपता दी, फिर भी बनारस के 'प्रसाद' और प्रेमचन्द दो शैलियों में लिखते रहे। आधुनिक हिन्दी का सच्चा विकास गये डेढ़ सौ वर्षों का है, जबकि उत्तरप्रदेश, बिहार, राजस्थान, मध्यप्रदेश, हिमाचल प्रदेश और हरियाणा में साधारण ग्रामीण जनता कई बोलियों का व्यवहार करती रही है। हिन्दी प्रदेशों में साक्षरता काफी कम है।

बीसवीं शती में, ऊपर उल्लेख किये गए लेखकों के अलावा, कई महत्त्वपूर्ण कवि हुए हैं: राष्ट्रीय कवि जैसे मैथिलीशरण गुप्त और माखनलाल चतुर्वेदी, छायावादी कवि जैसे 'निराला', पंत, महादेवी और कई स्वतन्त्र कवि जैसे 'बच्चन', 'दिनकर', और 'अज्ञेय'। यहाँ सब प्रयोगशील और नये कवियों के नाम देना सम्भव नहीं है, फिर भी मुक्तिबोध और राजकमल चौधरी के नाम अलग से उभरते हैं।

गद्य में सैकड़ों लोकप्रिय और अच्छे महत्त्वपूर्ण लेखक हैं। कहानी और उपन्यास के क्षेत्र में जैनेन्द्र कुमार, यशपाल, भगवतीचरण वर्मा, अमृतलाल नागर सुप्रसिद्ध स्तम्भ हैं। नाटक में 'अक्षर' जे.सी. माथुर, मोहन राकेश का बड़ा नाम है। आलोचना में रामचन्द्र शुक्ल का कार्य प्रारम्भकर्ता के नाते बहुत महत्त्व का था। बाद में कई शास्त्रीय और अन्य विद्वानों ने समीक्षा को समृद्ध किया, जिनमें हजारीप्रसाद द्विवेदी, रामविलास शर्मा, नगेन्द्र विभिन्न दृष्टिकोणों के प्रतिनिधि हैं।

हिन्दी में हर साल 3000 से ज्यादा किताबें छपती हैं। 400 से ऊपर प्रकाशक हैं। हजारों मासिक पत्र-पत्रिकायें हैं। हिन्दी भाषा और उसके अनेक रूपों के बोलने वाले देश में करीब 25 करोड़ हैं और कई लाख विदेश में और हैं। भारतीय संविधान में इस भाषा को भारत की सम्पर्क भाषा और राष्ट्रभाषा के रूप में अंग्रेजी का स्थान लेने वाली भावी भाषा माना गया है; बशर्ते अहिन्दी-भाषी इसे स्वीकार करें।

HINDI

The word Hindi is not found in Sanskrit or ancient literrature. This language was earlier referred to as Bhasha. Amir khusro use 'Hindi' and 'Hindui' many times. The example of modern Hindi called khari Boli are found in an eighth century book on Prakrits. Four languages: 'Braj' (spoken in Mathura and called shaurseni), Awadhi (spoken in Ayodhya and Lucknow), 'Rajasthani' and 'Maithili' actually constituted the bulk of early Hindi. They respectively gave Surdas, Tulsidas, Mirabai and Vidyapati as great poets and devotees. Kabir was a class by himself and his language has a mixture of many dialects.

The history of Hindi literatre begins from eighth century with *Dohakosh* of Siddhas and with *Rasau* of Chand in twelfth century. They were either cryptic philosophical couplets or songs and bardic narratives. Muslims also contributed to the development of this language like Jayasi, Raskhan or Rahim. The Medieval literature is either devotional or later mostly erotic court poetry. No prose was developed till the middle of nineteenth century when Bharatendu Harishchandra of Banaras was the first pioneer of modern drama, essay journalism. The debate between Sanskritized Hindi and Persianized Hindustani raged for many decades and in twentieth century while Mahavirprasad Dvivedi with his magazine 'Saraswati', founded in 1904, standardized modern prose style, in Banaras one finds two great writers Prasad and Premchand writing prose in two styles. The real growth of modern Hindi is very recent, of a century and half, while bulk of the people in rural areas in U.P, Bihar, Rajasthan, Madhya Pradesh, Himachal Pradesh and Hariana continue to use dialects. Literacy in Hindi provinces is low.

In twentieth centruy, besides the writers mentioned above there have been very significant poets, nationalist poets like Maithilisharan Gupta and Makhanlal Chaturvedi, romantics like 'Nirala' Pant and Mahadevi and independent poe ts like 'Bachchan', 'Dinkar' and 'Agyeya'. It is not possible to mention here many names of experimentalists and new writers but Muktibodh and Rajkamal Chaudhari stand out differently.

In prose there are at least hundreds of popular and significant good writers of short story and novels, but Jainendr Kumar, Yash pal, Bhagwaticharan Varma, Amritlal Nagar are well-known as pillars of action. In drama the contribution of 'Ashk', J.C. Mathur and Mohan Rakesh is well-known. In criticism the work of Ramchandra Shukla was very important as a pioneer. Later many scholars, academic and otherwise, contributed to the development of Hindi criticism and Hazariprasad Dviwedi, Rambilas sharma, Nagendra represent different view points.

Hindi has an annual publication of more than 4000 books. There are at least 200 publishers and thousands of magazines and newspapers. Its speakers, including all its variants, are nearly 25 crores in this country and millions aborad. This language was given in the constitution as the future link language and national language which will replace English, provided the non-Hindi speaking Indians accept it.

हिन्दी-अंग्रेजी उच्चारण	हिन्दी उच्चारण
1. व्हेअर इज दि होटल? Where is the hotel?	यहाँ होटल किधर है? Yahan hotel kidhar hai?
2. इज देअर एनी ॲकामाडेशन इन दी होटल? Is there any accommodation in the hotel?	क्या इस होटल में जगह खाली है? Kya is hotel men jagah Khail hai?
3. यस, सर! Yes, sir.	जी, हाँ। Ji, han.
4. नो, सर। No, sir.	जी, नहीं। Ji, nahin.
5. कम इन। Come in.	अन्दर आइये। Andar aaiya.
6. हलो, कम इन, बी सीटेड। Hallo, come in, be seated.	ओह ! आइये, बैठिये। Oh, aaiye, baithiye.
7. व्हाट डु यू वांट? What do you want?	आपको क्या चाहिये है? Apk kya chahiye hai?
8. व्हाट इज युअर नेम? What is your name?	आपका नाम क्या है? Apka kya name hai?
9. नमस्ते, हाउ डु यू डू? Namaste, How do you do?	नमस्ते आप कैसे हैं? Namaste, ap kaise hain?
10. आई एम फाइन। I am fine.	मैं अच्छा हूँ। Main achchha hun.
11. माई नेम इज... My name is..	मेरा नाम...है। Mera nam...hai.
12. व्हाट इज युअर बिजनेस? What is your business?	आप क्या काम करते हैं? Ap kya kam karte hain?
13. व्हेयर डु यू रिसाइड? *Where do you reside?*	आप कहाँ के रहने वाले हैं? *Ap Kahan ke rahne wale hain?*
14. व्हाट इज दी नेम आफ दि टाउन? What is the name of the town?	शहर का नाम क्या है? Shahar ka nam kya hai?
15. दि नेम आफ दि टाउन इज... The name of the town is...	शहर का नाम...है। Shahar ka nam...hai?

हिन्दी-अंग्रेजी	हिन्दी
16. व्हेन डिड यू कम हिअर?	आप यहाँ कब आये?
When did you come here?	Ap yahan kab aye?
17. हाउ ओल्ड आर यू?	आपकी उम्र क्या है?
How old are you?	Apki umr Kya hai?
18. व्हेअर इज युअर हाउस?	आपका घर कहाँ है?
Where is your house?	Apka ghar Kahan hai?
19. टेक दिस फार्म एण्ड फिल इट।	यह फार्म लीजिये और भरकर दीजिये।
Take this form and fill it.	Yah form lijiye aur bhar kar dijiye.
20. व्हाट इज दि डेली चार्ज?	आप एक दिन का क्या लेते हैं?
What is the daily charge?	Ap ek din ka Kya lete hain?
21. व्हाट इज दि रैंट आफ दिस रूम?	इस कमरे का किराया क्या है?
What is the rent of this room?	Is kamre ka kiraya kya hai?
22. व्हाट काइंड आफ डू यू सर्व?	आप कैसा भोजन देते हैं?
What Kind of food do you serve?	Ap kaisa bhojan dete hain?
23. व्हेजिटेरियन ऑर नान व्हेजिटेरियन?	शाकाहारी या मांसाहारी?
Vegetarian or non-vegetarain?	Shakahari ya mansahari?
24. बोथ।	दोनों।
Both.	Donon.
25. गो टु दि फ्रंट रूम।	सामने के कमरे में जाइये।
Go to the front room.	Samne Ke kamre men jaiye.
26. आस्क फार व्हाटेवर यु वांट।	जो चाहे माँग लीजिए।
Ask for whatever you want.	Jo chahe mang lijiye.
27. बिल यु गेट मी सम वाटर?	क्या आप मुझे थोड़ा पानी देंगे?
Will lyou get me some water?	Kya ap mujhe thoda pani denge?
28. यू कम देअरण	आप वहाँ आइए।
You come there.	Ap wahan aiye.
29. ब्रिंग दि फूड।	खाना लाओ।
Bring the food.	Khana lao.
30. वाश दि क्लोद्स।	कपड़े धोओ।
Wash the clothes.	Kapade dhoo.
31. पोस्ट दीज लेटर्स।	यह चिट्ठी लेटर बक्स में डालो।
Post these letters.	Yah chitthi letter bakes men dalo.
32. आई नो दिस लैंग्वेज।	मैं यह भाषा जानता हूँ।

हिन्दी–अंग्रेजी	हिन्दी
I know this language.	Main yah bhasha janta hun.
33. आई डू नाट नो दिस लैंग्वेज।	मैं यह भाषा नहीं जानता हूँ।
I do not know this language.	Main yah bhasha nahin janta hun.
34. दिस चेक इज टु बि कैश्ड।	यह चेक भुनाना है।
This cheque is to be cashed.	Yah chek bhunana hai.
35. आई वांट टु बुक ए ट्रंक काल।	मुझे ट्रंक काल करना है।
I want to book a trunk call	Mujhe trunk call karna hai.
36. हैव सम टी।	चाय पिओ।
Have some tea.	Chaay pio.
37. कम लेट्स हैव टी।	आइये, हम चाय पियें।
Come, let's have tea.	Aaiye, ham chay piyen.
38. एक्सक्यूज मी, आई हैव जस्ट हैड माई टी।	क्षमा करें, मैने अभी चाय पी है।
Excuse me, I have just had my tea.	Kshanna karen, maine abhi chaay pi hai.
39. वुड यू लाइक टु स्मोक?	क्या आप सिगरेट पियेंगे?
Would you like to smoke?	Kya app cigaret piyenge?
40. सॉरी, आई डोंट स्मोक।	नहीं, मैं सिगरेट नहीं पीता।
Sorry, I don't smoke.	Nahin, main cigaret nahin peeta?
41. व्हेअर इज दि पब्लिक टॉयलेट?	यहाँ पेशाबघर कहाँ है?
Where is the public toilet?	Yahan peshabhar kahan hai?
42. मेक हेस्ट।	जल्दी करो।
Make haste.	Jaldi karo.
43. व्हाट प्लेटफार्म बिल दि ट्रेन बी कमिंग ऑन?	गाड़ी किस प्लेटफार्म पर आयेगी?
What platform will the train be coming on?	Gadi kis platform par ayegi?
44. हाउ लांग विल दि ट्रेन स्टाप हिअर?	यहाँ गाड़ी कितनी देर ठहरती है?
How long will the train stop here?	Yahan gadi kitni der thaharati hai?
45. पिक अप दि बंडल	गठरी उठाओ।
Pick up the bundle	Gathri uthao.

हिन्दी-अंग्रेजी	हिन्दी
46. पोर्टर, टेक दि लगेज।	ऐ कुली, सामान उठाओ।
Porter, take the luggage.	Ai culi, saman uthao.
47. व्हाट इज युअर नम्बर?	नम्बर क्या है?
What is your number?	Namber kya hai?
48. व्हेअर इज दि वेटिंग रूम?	वेटिंग रूम (प्रतीक्षालय) कहाँ है?
Where is the waiting room?	Weting room (Pratikshalaya) kahan hai.
49. बी सीटेड फार ए व्हाइल।	थोड़ी देर बैठिये।
Be seated for a while.	Thodi der baithiye.
50. वेट ए बिट।	थोड़ी देर ठहरो।
Wait a bit.	Thodi der thaharo.
51. आई शैल वेट फार यू।	मैं आपकी राह देखूँगा।
I shall wait for you	Main apki rah dekhunga.
52. प्लीज डोंट वेट फार मी	मेरी राह मत देखना।
Please don't wait for me	Meri hah mat dekhana.
53. व्हेअर आर यू गोइंग?	आप कहाँ जा रहे हैं?
Where are you going?	Ap kahan ja rahe hain?
54. शो दि वे।	रास्ता बताओ।
Show the way.	Rasta batao.
55. इज देअर एनी कन्वेयंस रेडिली अवेलेबुल?	क्या कोई सवारी जल्दी से मिल सकेगी?
Is there any conveyance readily available?	Kya koi savari jaldi se mil sakegi?
56. व्हेअर डज दिस बस गो?	यह बस कहाँ जाती है?
Where does this bus go?	Yah bus kahan jati hai?
57. व्हाट इज युअर बिल?	आपके कितने पैसे हुए?
What is your bill?	Apke kitane paise hu'e?
58. व्हाट इज दि प्राइस आफ दिस थिंग?	इस चीज के दाम क्या हैं?
What is the price of this thing?	Is cheez ke dam kya hain?
59. हाउ फार इज दि मार्केट?	यहाँ से बाजार कितनी दूर है?
How far is the market?	Yahan se bazar kitni door hai.
60. इट इज क्वाइट डिस्टैंट।	बहुत दूर।

It is quite distant.	Bahut door.
61. व्हेअर कैन आई गेट ए टैक्सी?	मुझे टैक्सी कहाँ मिलेगी?
Where can I get a taxi?	Mujhe taxi kahan milegi?
62. एट दि नेक्स्ट क्रासिंग।	अगले मोड़ पर।
At the next crossing.	Agle mod per.
63. हाउ मच विल यू टेक?	क्या लोगे?
How much will you take?	Kya loge?
64. सॉरी, आई डोंट हैव एनी चेंज।	मेरे पास रेजगारी नहीं है।
Sorry, I don't have any change.	Mere pas rejgari nahin hai.
65. सॉरी, आई कांट अफोर्ड इट।	नहीं, इतने में पूरा नहीं पड़ता।
Sorry, I can't afford it	Nahin, itne men pura nahin padta.
66. इज दि स्टफ आलराइट?	क्या माल अच्छा है न?
Is the stuff alright?	Kya mal achchha hai na?
67. इज दि कलर फास्ट?	रंग पक्का है न?
Is the colour fast?	Rang pakka hai na?
68. सर्टेन्ली।	हाँ, हाँ जरूर।
Certainly.	Han han zaroor.
69. हाउ मच पर यार्ड?	एक गज का क्या दाम है?
How Much per yard?	Ek gaz ka kya dam hai?
70. गो लुक, समवन इज एट दि डोर?	देखिये, बाहर कौन आया है?
Go look, someone is at the door?	Dekhiye, bahar kaun aya hai?
71. व्हाट इज दि वर्क?	क्या काम है?
What is the work?	Kya kam hai?
72. एक्सक्यूज मी, आई हैव डिस्टर्ब्ड यू।	क्षमा कीजिए, मैंने आपके काम में खलल डाला।
Excuse me, I have *disturbed you.*	Kshama kijiye, maine apke *kam men khalal dala.*
73. हैव यू एनी बिजनेस विद हिम?	आपको उनसे कोई काम है?
Have you any business with him?	Apko unse koi kam hai?

	हिन्दी–अंग्रेजी	हिन्दी
74.	आई वांट टु सी हिम पर्सनली।	खुद उनसे मिलना चाहता हूँ।
	I want to see him personally.	Khud unse milna chahata hun.
75.	हाऊ इज एवरीथिंग?	कहिए, कैसे क्या चल रहा है?
	How is everything?	Kahye kaise kya chal raha hai?
76.	ही गेव मी दि न्यूज।	उसने मुझे समाचार सुनाया।
	He gave me the news.	Usne mujhe yah samachar sunaya.
77.	युअर वाइस इज वेरी स्वीट।	आपका स्वर बहुत मीठा है।
	Your voice is very sweet.	Apka swar bahut meetha hai.
78.	प्लीज सिंग ए सौंग।	एक गाना गाइये न।
	Please sing a song.	Ek gana gaiye na.
79.	आई कांट सिंग।	मैं गाना नहीं जानता।
	I can't sing.	Main gana nahin janta.
80.	देअर इज नो हार्म इन ट्राइंग वन्स।	एक बार कोशिश तो कीजिये।
	There is no harm in trying once.	Ek bar kosish to kijiye.
81.	समवन हैड कम टु सी यू।	आपके पास कोई आया था।
	Someone had come to see you.	Apke pas koi aya tha.
82.	ही इज माई नेबर।	वह मेरा पड़ोसी है।
	He is my neighbour	Vah mera padosi hai.
83.	फार हाउ मैनी डेज़ शैल आई रिमेन आन लीव?	कितने दिन की छुट्टी लेनी पड़ेगी?
	For how many days shall I remain on leave?	Kitne din ki chhutti leni padegi?
84.	आई वाज इल फार लास्ट फिउ डेज।	मैं पिछले कई दिन बीमार था।
	I was ill for last few days.	Main pichhle kai din beemar tha
85.	आई ऐम आन लीव फार ए मंथ फ्राम टु डे।	मैं आज से एक महीने की छुट्टी पर हूँ।
	I am on leave for a month from today.	Main aj se ek mahine ki chhutti par hun.
86.	सेंड सम गुड बुक्स फॉर मी।	मेरे लिए कुछ अच्छी पुस्तकें भेजिये।
	Send some good books for me.	Mere liye kuchhu achchhi.

हिन्दी-अंग्रेजी	हिन्दी
pustaken bhejiye.	pustake bhejiye.
87. आई विल सेंड यू माई. फोटोग्राफ।	मैं आपको आपना फोटो भेजूँगा।
I will send you my photograph.	Main apko apna photo bhejunga.
88. टेक ए लिटिल रेस्ट आफ्टर दैट।	बाद में थोड़ा आराम कीजिये।
Take a little rest after that.	Bad men thoda aram kijiye.
89. डोंट बी एंग्री।	गुस्सा न कीजिये।
Don't be angry.	Gussa n kijiye.
90. डोंट बी अफ्रेड।	डरो मत।
Don't be afraid.	Daro mat.